LES
BOURBONS
ET
L'ÉTRANGER

PARIS. — IMPRIMERIE GUIRAUDET ET JOUAUST,
RUE SAINT-HONORÉ, 338.

LES BOURBONS ET L'ÉTRANGER

PAR

M. FRÉDÉRIC DOLLÉ

Auteur de l'Histoire des Six Restaurations françaises

TROISIÈME ÉDITION.

PARIS

DENTU, Libraire au Palais-Royal ; — **VATON**, rue du Bac, 50;
et **DEVARENNE**, rue du Faubourg-Saint-Honoré, 12.

Pallez-Rousseau, à Metz;
Lemaitre, à Valenciennes;
A. Marais, à Dieppe;
Gonet, à Nancy;
Martial-Place, à Moulins;
Frout (Mlle), à Rennes;
Sénac, à Toulouse;
J. Niel, à Orléans;
Prod'homme, à Saint-Brieuc;
Delpech, à Bordeaux;
Hyvert, à Amiens;
Maurice Moreau, à Saintes;
Durand, à Limoges;
Manoury, à Caen;
Frère, à Rouen.
Manceron, à Bourges;

3 janvier 1854.

AVANT-PROPOS

La Restauration de Louis XVIII fut un événement providentiel, qui n'avait été ni cherché, ni prévu. A. THIERRY.

Les puissances voulaient respecter l'indépendance du vœu national.
BENJAMIN CONSTANT.

Le 31 mars 1814, les étrangers, dans leur victoire, n'avaient point encore songé aux Bourbons. TH. BURETTE.

Le peuple français appelle *librement* au trône de France Louis-Stanislas-Xavier de France, frère du dernier Roi, et après lui les autres membres de la maison de Bourbon, dans l'ordre ancien.
DÉCRET DU SÉNAT du 1er avril 1814.

Soldats! la France ELLE-MÊME a voulu d'autres destinées; soyez fidèles à votre nouveau Roi. NAPOLÉON, le 20 avril 1814.

La Presse du 29 septembre 1851 a publié un article signé A. DE TOULGOET, dans lequel je trouve cette phrase incroyable : « On peut remonter sur le trône » comme Louis XVIII, et alors on s'appelle *le parti de* » *l'étranger*. »

Indigné de ce propos anti-français, j'envoyai à *l'Impartial de Rouen* une protestation signée : Joachim Murat, Ney, Augereau, Dupont, Carnot, Soult, Louis Blanc, Auguste Barbier, A. Thierry, Théodose Burette, Benjamin Constant, Capefigue, Cadiot, etc., qui tous reconnaissent que « la Restauration des » Bourbons fut un événement providentiel, qui n'a- » vait été *ni cherché ni prévu.* »

La plus grande partie des journaux de Paris et de la province ayant reproduit ma protestation, je crus naïvement avoir réussi à réfuter pour toujours une abominable calomnie ; mais je me suis trompé, je comptais sans *l'illustre* historien Granier de Cassagnac, qui a osé se permettre une inqualifiable flatterie à l'endroit du prince Louis-Napoléon, qui certes est au-dessus des adulations de ce glorieux fossoyeur de toutes les causes qu'il a défendues jusqu'à ce jour. Enfin, M. de Cassagnac, parlant du retour à l'Etat des biens que Louis-Philippe possédait avant le 7 août 1830, dit : « Louis-Napoléon est jusqu'ici dictateur comme » Louis XVIII, avec cet avantage que Louis XVIII avait » *reçu sa dictature des Prussiens*, tandis que Louis- » Napoléon a reçu la sienne des Français » (1).

Puisqu'on a osé commettre encore ce mensonge historique, je veux le réfuter une fois de plus, et je suis sûr

---

(1) Chose inqualifiable ! après ma protestation à l'*Impartial de Rouen*, après la 1re édition de cette brochure, M. Granier de Cassagnac, qui en a eu certainement connaissance, ainsi que des remarquables articles de M. Léopold de Gaillard dans *l'Assemblée nationale*, a encore osé écrire ces lignes dans le *Constitutionnel* du 24 janvier 1853 :

« Etre élu trois fois librement, trois fois en quatre ans, par un

de faire acte de bon Français. Je reprends donc ma lettre à *l'Impartial de Rouen*, et après l'avoir relue, corrigée et augmentée d'un grand nombre de protestations et de documents nouveaux, je la livre à mes concitoyens, en les priant de la propager autant que possible, afin d'arrêter les détestables effets du

---

» scrutin qui s'élève de six à huit millions de suffrages, cela n'est-» il pas plus grand, plus national, que d'être conduit aux Tui-» leries par les Cosaques ? »

L'*Union* répond justement à cette nouvelle iniquité historique de l'ancien fougueux révolutionnaire de 1830 :

« C'est la vieille habitude du *Constitutionnel* d'exploiter contre nous l'argument du Cosaque. En cela, M. de Cassagnac n'a pas cru devoir s'écarter de la tradition du journal. S'il croit avoir fait acte de loyal adversaire, nous n'avons rien à dire ; si, au contraire, il est convaincu que cet argument du Cosaque est une machine rouillée, une moisissure perdue au fond des arsenaux de 1820 ; s'il s'est demandé dans sa sincérité, et l'histoire à la main, non pas qui les Cosaques ont conduit aux Tuileries, mais par qui ces mêmes Cosaques ont été amenés en France ; si M. Granier, en un mot, a jeté sciemment à la monarchie française des reproches immérités autant qu'ils sont odieux, nous nous permettrons de lui dire qu'il a commis, sans nécessité, une mauvaise action. » — (Emile Fontaine.)

Ainsi, on ne peut le nier, Louis-Napoléon fait tout ce qui lui est humainement possible de faire pour pacifier, pour réconcilier les Français entre eux ; et M. Granier de Cassagnac, lui, en vrai tison d'enfer, cherche incessamment à entretenir, à exciter, à irriter les haines, et à rallumer les feux presque éteints de nos discordes civiles. Tel maître, tel..... serviteur, dit un vieux proverbe ; grâce à M. de Cassagnac, ce proverbe est désormais un mensonge.

poison Cassagnac et compagnie. J'en appelle à la raison, au bon sens de tous : si les étrangers étaient venus en France pour rétablir les Bourbons sur le trône de leurs ancêtres, il est évident qu'ils auraient voulu épargner les Français, et surtout la capitale du royaume. Eh bien! écoutez le *Times* de mars 1814; il avoue franchement, brutalement même, la pensée, le désir des puissances étrangères coalisées :

« Si Blücher, dit le journal anglais, si les Cosaques » parviennent à Paris, le siége principal de la richesse » et de l'industrie des Français, quelle merci lui fe- » ront-ils? et pourquoi lui feraient-ils aucune grâce? » Epargneront-ils les précieux monuments que ren- » ferme cette ville immense? Oh! non, non; les guer- » riers indignés s'écrieront : Que toute pitié retourne » au ciel; c'est aujourd'hui le jour de la vengeance et » de la destruction!

» Paris est la capitale de la France, et, en frappant » cette ville, *nous frappons au cœur la nation fran-* » *çaise.* Peut-être, au moment où nous écrivons, » cette cité est déjà réduite en cendres! (1) »

(1) Le *Journal des Débats*, après avoir cité cet article, qu'il emprunte au *Statesman* (l'Homme d'état) du 21 mars, qui l'avait reproduit, fait remarquer « que le *Times* s'écrit sous l'in- » fluence directe de lord Wellesley, frère de lord Wellington, et » que ce journal ministériel est encore le plus modéré. » — Qu'étaient donc les autres?...

Il faut convenir que nous avions là des auxiliaires bien charitables et surtout bien désintéressés!..

Ensuite, si les étrangers étaient venus pour remettre les Bourbons sur leur trône, il est probable qu'ils auraient au moins accepté les royalistes pour auxiliaires. Il en a été tout autrement, comme on va voir.

En 1814, quelques manifestations monarchiques ayant eu lieu à Dijon, le prince de Hesse-Hombourg, qui commandait cette place, déclara qu'il s'opposait formellement à toute démonstration royaliste (1), et qu'il ferait *fusiller comme séditieux* tous ceux qui enfreindraient son ordre.

---

(1) Il en a toujours été ainsi, même dès le commencement de la guerre des princes contre l'injuste, violente et inique révolution de 89. Le 5 octobre 1792, le roi de Prusse, écrivant au prince de Hohenlohe-Bartenstein pour l'empêcher, autant que possible, de défendre la monarchie française, disait : « Moi-» même et feu l'empereur avions cru *nous compromettre* en re-» cevant chez nous des corps d'émigrés armés, et ne leur avons » accordé qu'une *pure et simple hospitalité.* Quoique je sois bien » éloigné de vouloir prescrire à V. A. S. des règles de conduite, » il me semble cependant qu'elle aurait très bien fait de s'en » tenir à ces mêmes principes et à ces mêmes mesures. »

Quand *cette pure et simple hospitalité* ne fut plus même accordée aux défenseurs de Dieu, du roi et de l'honneur de la France, le valeureux duc d'Enghien, ne pouvant s'accoutumer à l'oisiveté, sollicita du prince de Condé la permission d'accepter un grade dans l'armée russe.

Et encore :

Nancy était occupé par les armées russes et prussiennes. Le gouverneur et le commandant habitaient, l'un l'évêché, et l'autre la préfecture. M. le comte

---

Voici ce qui lui fut répondu :

« Wansted-House, ce 28 février 1804.

» Mon cher ami, loin d'être d'un avis dont vous n'étiez pas » vous-même il y a trois mois, puisque vous nous marquiez » l'impatience de vous réunir à nous, je persiste plus que jamais » à penser que vous ne devez entrer au service d'aucune puis- » sance. Cela n'est pas fait pour vous, *et jamais aucun des Bour-* » *bons passés ou présents n'a pris ce parti.* Toutes les révolu- » tions du monde n'empêcheront pas, quoi qu'on puisse vous » dire, que vous ne restiez jusqu'à la fin de votre vie ce que » Dieu seul vous a fait : c'est ce qu'il faut bien vous mettre dans » la tête. Au commencement de la guerre, que j'ose croire avoir » fait comme un autre, j'ai refusé d'accepter aucun pacte à l'é- » tranger. C'est ainsi que vous devez faire vous-même...

» L.-J. de BOURBON (*). »

Cette pièce est-elle assez concluante ?

Plus tard Louis XVIII disait aussi, dans sa proclamation datée de Cambrai, le 28 juin 1815 :

« J'apprends qu'une porte de mon royaume est ouverte, et » j'accours pour adoucir les maux que j'avais voulu prévenir, pour me placer une seconde fois entre les armées alliées et es » Français, dans l'espoir que les égards dont je puis être l'objet » tourneront à leur salut. *Je n'ai point permis qu'aucun prince de ma famille parût dans les rangs étrangers....* »

(*) Extrait de la *Vie des Trois Condé*, par Théodore Muret, t. 2, p. 251.

d'Artois ayant demandé, par l'organe de MM. le baron de Fevrel et de Caillebot de Lassalle, de quelle manière on le recevrait s'il entrait à Nancy, il lui fut répondu qu'on le recevrait comme un simple particulier *étranger*, sans aucun titre ni qualité quelconque, et sans décorations. Quant au logement, les alliés non seulement se refusèrent à céder l'évêché ou la préfecture au Prince, au descendant de soixante rois, mais encore on lui interdit d'habiter aucun monument public. On eut recours alors aux maisons particulières, et M. de Mique mit sa maison à la disposition du comte d'Artois (1), malgré le mauvais vouloir des étrangers.

A Paris quelques manifestations eurent aussi lieu, on parlait de créer une garde royale, des gardes du corps; alors, le gouvernement provisoire, qu'on accusait de royalisme, fit la déclaration suivante, qui fut affichée dans tout Paris :

« Le gouvernement provisoire déclare qu'il ne reconnaît » d'autre garde que la garde nationale, et que le zèle qui vou- » drait former ou provoquer tout autre corps militaire ne fe-

(1) M. le comte d'Artois fit son entrée à Nancy *le* 19 *mars* 1814, c'est-à-dire un mois avant les événements de Paris; il était accompagné de M. le comte François Des Cars, et s'il fut reçu avec un enthousiasme extraordinaire, et aux cris de : *Vive le Roi! vivent les Bourbons!* c'est que la ville était à peu près livrée à elle-même; c'est que pas une cocarde étrangère ne se trouvait à ce moment sur le passage du prince pour attrister et contenir la joie universelle.

» rait que nuire au succès des mesures actuelles et à l'esprit
» d'unité et d'accord qui leur est necessaire (1). »

Plus tard, un personnage éminent du faubourg Saint-Germain ayant écrit à M. le général Langeron pour savoir à quoi s'en tenir sur les intentions des armées coalisées, il fut répondu : « Si vous ne deman-
» dez pas les Bourbons, vous ne les aurez pas. *Nous*
» *ne les ramenons pas.* »

Quelle agréable et rationnelle alternative !.. *Demandez les Bourbons, sans cela vous ne les aurez pas, nous ne les ramenons pas,* dit le général russe Langeron ; — d'un autre côté, le prince de Hesse-Hombourg menace de faire *fusiller comme séditieux* ceux qui feront des démonstrations royalistes, et Napoléon rend ce décret, daté de Troyes, 24 février 1814 (2) :

« Tout Français qui aura porté les signes ou les dé-
» corations de l'ancienne dynastie dans des lieux oc-
» cupés par l'ennemi et pendant son séjour sera dé-
» claré traître, et, comme tel, *jugé* par une commis-

(1) *Moniteur*, 5 avril 1814.

(2) D'après ce décret de Napoléon, plusieurs chevaliers de Saint-Louis furent traqués de château en château et de ferme en ferme ; M. de Gouault fut fusillé par les soldats de Napoléon, et M. le marquis de Vidranges n'échappa que par miracle à leur poursuite ; et tout cela pour avoir crié : *Vive le Roi !* et porté une marque d'honneur gagnée peut-être en combattant, au nom de la France et de Louis XVI, contre l'Angleterre et pour l'indépendance des Amériques !

» sion militaire *et condamné à mort*. Ses biens seront
» *confisqués* au profit du domaine de l'État. »

J'espère que Napoléon venait énergiquement en aide à la touchante cordialité entre les royalistes et les étrangers !...

Mais les pièces diplomatiques officielles (1), les dépêches, les correspondances, les proclamations, tout prouve la vérité de ce que j'avance. Citons quelques extraits :

Le duc de Wellington au comte de Grammont :

Le 20 décembre 1813.

M. de Mailhos, qui vient de l'intérieur de la France, m'ayant exprimé sa ferme persuasion que le peuple français désirait voir un des princes de la maison de Bourbon, et m'ayant témoigné le plus vif désir que le comte de Grammont allât en Angleterre afin de donner connaissance aux princes de cette maison de l'état de la situation des affaires et de l'état de l'opinion, et le comte étant dans le voisinage avec son régiment, j'ai consenti à son départ, et je pense qu'il est à désirer qu'il aille remplir cette mission.

Je lui ai recommandé, toutefois, de faire bien attention à ce qui suit :

Aucune démonstration publique des désirs du peuple français en faveur de la maison de Bourbon n'ayant encore eu lieu, et aucune preuve n'existant de la vérité des assertions de M de Mailhos (quoique je la regarde comme très probable, d'après

(1) *Recueil choisi des Dépêches et Ordres du jour du feld-maréchal duc de Wellington*, par le colonel Garwood, lieutenant de la tour de Londres. Bruxelles, Méline.

ce que j'ai éprouvé, vu et entendu (1), et comme les alliés ont toujours déclaré que *le but de leurs opérations militaires était de faire la paix avec Bonaparte*, et qu'il court des bruits de négociations, je recommande au comte de Grammont d'avertir les princes de la maison de Bourbon d'y bien réfléchir et de penser à toutes les conséquences, avant de faire la démarche qu'on leur propose.....

Je parle ainsi afin que ces princes envisagent clairement l'état de la question, et qu'ils voient les dangers auxquels ils exposent leurs amis et leurs adhérents, et pour que, dans le cas où un membre de leur famille se déciderait à faire la démarche qu'on leur propose, *il soit bien entendu que c'est un acte de leur propre fait*, et que moi, au moins en ce qui regarde le gouvernement de la Grande-Bretagne, j'ai signalé les dangers auxquels serait exposé le salut de tous leurs adhérents en France, si l'on réussissait à conclure une paix générale.

Le duc de Wellington au maréchal sir W. Beresford :

Saint-Sever, le 17 mars 1814.

Il y a un grand parti à Bordeaux pour la maison de Bourbon, et je vous prie de vous en tenir aux instructions suivantes pour ce qui regarde ce parti et ses projets.

Si l'on vous demande votre consentement pour proclamer Louis XVIII, pour arborer le drapeau blanc, etc., etc., vous déclarerez que la nation anglaise et ses alliés sont bien portés pour Louis XVIII...; *mais* que le but des alliés en faisant la guerre, et surtout en entrant en France, est, ainsi que je l'ai dit dans la proclamation, *la paix;* qu'il est notoire que *les alliés sont en train de négocier un traité de paix avec Bona-*

---

(1) Voici l'opinion qu'émet lord Castlreagh, dans son discours au parlement, le 20 février 1816 :

« Quelques personnes pensaient faussement, à l'approche de » la guerre, que tous les Français avaient pris parti pour l'usur- » pateur. Je ne voyais d'unanimité pour lui que dans l'armée. »

parte ; que, bien que je sois disposé à aider et à soutenir tout parti contre Bonaparte, tant que nous serons en guerre, je ne pourrais plus donner la même assistance lorsque la paix sera conclue, et que j'invite les habitants à bien peser leurs démarches avant de lever l'étendard contre le gouvernement de Bonaparte, et de s'engager dans des actes d'hostilité.

Si cependant, malgré cet avis, la ville juge à propos d'arborer le drapeau blanc et proclame Louis XVIII, ou prend quelque autre parti de ce genre, vous ne vous opposerez pas...

Si la municipalité déclare qu'elle ne proclamera pas Louis XVIII sans vos ordres, *vous refuserez d'en donner à cet égard*, pour les motifs indiqués plus haut.

Le duc de Wellington à S. A. R. le duc d'Angoulême :

Aire, le 16 mars 1814.

...Je ne me refuserai pas à ce qu'on proclame le Roi, mais je prie V. A. R. de m'excuser, *au moment actuel* (1), d'y prendre aucune part quelconque.

J'avoue à V. A. R. que, si je n'étais pas porté à cette décision par mes devoirs envers les souverains dont je commande les armées, je le serais par la proclamation de M. le maire de Bordeaux, du 12, faite, je l'espère, sans le consentement de V. A. R., *comme elle l'a été sans même l'autorisation du maréchal Beresford.* **IL N'EST PAS VRAI** que les Anglais, les Espagnols et les Portugais « se soient réunis dans le midi de la France, comme » d'autres peuples au nord, *pour remplacer le fléau des na-* » *tions par un monarque père du peuple.* » Il n'est pas vrai » *que ce n'est que par lui que les Français peuvent apaiser le* » *ressentiment d'une nation voisine* contre laquelle les a lancés » le despotisme le plus perfide. » Il n'est pas vrai, non plus, dans le sens énoncé par la proclamation, que « *les Bourbons* » *aient été conduits par leurs* GÉNÉREUX *alliés.* »

(1) On négociait donc toujours avec Napoléon ?...

Je suis sûr que V. A. R. n'a pas donné son consentement à cette proclamation, parce que *c'est contraire à tout ce que j'ai eu l'honneur bien souvent de lui assurer.*

Monseigneur, j'espère que les souverains dont je commande les armées, et les peuples dont je possède la confiance, me croiront, et non le maire de Bordeaux.

Dans un autre ordre du jour, daté de Seysses 29 *mars* 1814, c'est-à-dire plus de dix jours après que Nancy et la plupart des villes de France s'étaient officiellement déclarées pour les Bourbons, lord Wellington se plaint encore amèrement qu'à Bordeaux « *certaines personnes de la ville* aient proclamé » Louis XVIII CONTRAIREMENT *à son avis et à sa ma-* » *nière de voir.* » Voici cette pièce, qui n'est pas la moins curieuse ; on dirait que lord Wellington voit déjà, en perspective, dans la restauration des Bourbons, l'influence de l'Angleterre amoindrie, la pacification de l'Espagne accomplie malgré ses protestations, et la glorieuse conquête d'Afrique consommée par Charles X, malgré les remontrances de *la grande marchande couronnée*, comme l'appelait si énergiquement le marquis Scipion de Dreux-Brézé à la tribune des Pairs.

Le duc de Wellington à S. A. R. le duc d'Angoulême :

Seysses, 29 mars 1814.

J'ai fait occuper Bordeaux par un détachement de l'armée, dans le cours de mes opérations, et *certaines personnes* de la ville de Bordeaux, **CONTRAIREMENT A MON AVIS ET A MA MANIÈRE DE VOIR**, ont jugé convenable de proclamer Louis XVIII. Ces personnes ne se sont donné aucune peine, elles n'ont pas souscrit un schelling pour le soutien de leur cause, et n'ont pas levé un seul soldat, et maintenant, parce que je n'étends pas les postes de l'armée que je commande au delà de ce que je pense nécessaire et convenable, et parce que leurs propriétés et leurs familles sont exposées, non pas à cause de leurs actions, car ils n'ont rien fait, mais à cause de leur *déclaration prématurée*, **CONTRAIREMENT A MON AVIS**, elles me jettent le blâme et m'accusent en quelque manière.

Mon expérience des guerres révolutionnaires m'a appris ce que je devais attendre, et m'engage à avertir V. A. R. de ne rien précipiter.

Que répondre à tout cela? est-ce assez clair?...

Eh bien oui! je le crois, et je le croirai toujours: les étrangers, comptant sur nos divisions intestines, espéraient partager « ce beau royaume que Rome expi- » rante enfanta au milieu de ses ruines comme un » dernier essai de sa grandeur », selon la belle expression de Châteaubriand; mais le petit-fils de saint Louis se plaça toujours entre son peuple et nos ennemis, et la France fut préservée du sort de la malheureuse et catholique Pologne. Honneur donc au patriotisme séculaire de nos Bourbons!... — Honte aux ingrats!...

NOTA. — Je considère encore comme très incomplète la troisième édition que je publie aujourd'hui de cette Lettre historique.

Je prie donc les personnes qui la liront avec un esprit de bon vouloir et d'équité de m'adresser les documents qu'elles croiraient propres à modifier ou à fortifier ce que j'avance. Loin de moi la pensée de vouloir attaquer systématiquement l'illustre capitaine, qui a fait grand nombre de bonnes et belles choses, et qui a poussé l'amour de la gloire jusqu'au délire; mais j'ai essayé de dire la vérité sur les époques si méconnues, si calomniées, de 1814 et de 1815, et j'ai la conscience d'avoir fait une bonne action.

LES

BOURBONS

ET

L'ÉTRANGER

Nous entrons dans une ère de restauration, de réparation, de réconciliation universelles, dans laquelle il faut que chaque chose, que chaque homme, reprenne la place qui lui appartient (1). Il nous faudra bien souvent adorer ce que nous avons brûlé et brûler ce que nous avons adoré depuis 1789 ; mais à chacun sa part de gloire ou de honte, et à l'histoire ses leçons et la vérité.

I

« Calomniez ! calomniez ! il en restera toujours quelque chose », dit une déplorable maxime : aussi

---

(1) MM. Sainte-Beuve et de Pontmartin ont glorieusement commencé cette œuvre de justice à l'égard de Béranger et du maréchal Marmont. Béranger, reconnu coupable d'avoir chanté l'immoralité, la haine de la religion et la discorde entre Français, a été précipité du piédestal que lui avait élevé, sous la Restauration, ce même *Constitutionnel* qui enregistre aujourd'hui sa déchéance. — M. le duc de Raguse est justifié des calomnies dont on avait voulu ternir sa gloire militaire : au lieu d'être un traître envers Napoléon en 1814 et envers le Roi en 1830, le maréchal est maintenant un savant illustre et l'un des meilleurs grands hommes de guerre de son temps. En France, Dieu merci ! la vérité finit toujours par avoir raison.

nos révolutionnaires modernes n'ont-ils pas manqué de la mettre en pratique. Entre mille exemples, je citerai *la Presse* du 29 septembre 1851, où je trouve cette phrase : « On peut remonter sur le trône com- » me Louis XVIII, et alors on s'appelle *le parti de l'é- » tranger.* »

Ce mensonge anti-français a été cent fois réfuté et cent fois renouvelé par nos prétendus patriotes, qui ne s'aperçoivent pas qu'en parlant ainsi ils calomnient, ils flétrissent la France : car il est évident que, si les Bourbons nous avaient été *imposés* par l'étranger, si nous n'avions pas voulu des Bourbons, nos protecteurs, nos défenseurs, nos sauveurs incessants de quatorze siècles, c'est que nous aurions été assez lâches pour ne pas nous défendre contre l'ennemi commun; mais, grâces à Dieu et au bon sens français, il n'en a jamais été ainsi. Mais procédons par ordre. Pour mettre le lecteur au courant des événements, il est utile de citer d'abord la déclaration des puissances; elle est datée de Francfort le 1er décembre 1813, et fut insérée dans le *Journal de Francfort* du 7 décembre de la même année. Le *Moniteur* l'ayant reproduite le 20 janvier 1814, Napoléon fit supprimer ce numéro, afin que les Français ignorassent que la guerre n'était faite que contre lui et son insatiable égoïsme :

« Le gouvernement français vient d'arrêter une levée de 300,000 conscrits. Les motifs du sénatus-consulte renferment une provocation aux puissances alliées. Elles se trouvent appelées à promulguer *de nouveau*, à la face du monde, les vues qui les guident dans la présente guerre, les principes qui font la base de leur conduite, leurs vœux et leur détermination.

» *Les puissances ne font point la guerre à la France*, mais à cette prépondérance hautement annoncée, à cette prépondérance que, pour le malheur de la France et de l'Europe, Napoléon a trop long-temps exercée hors des limites de son empire.

» Les vues des puissances sont justes dans leur objet, généreuses et libérales dans leur application, rassurantes pour tous, honorables pour chacun.

» Les souverains désirent que la France soit grande, forte et heureuse, parce que la puissance française, grande et forte, est une des bases fondamentales de l'édifice social. Ils désirent que la France soit heureuse, que le commerce français renaisse, que les arts, ces bienfaits de la paix, refleurissent, parce qu'un grand peuple ne saurait être tranquille qu'autant qu'il est heureux. *Les puissances confirment à l'empire français une étendue de territoire que n'a jamais connue la France sous ses anciens rois*, parce qu'une valeureuse nation ne déchoit pas pour avoir à son tour éprouvé des revers dans une lutte opiniâtre et sanglante, où elle a combattu avec son audace accoutumée.

» Mais les puissances aussi veulent être heureuses et tranquilles; elles veulent un état de paix qui, par une sage répartition des forces, par un juste équilibre, préserve désormais les peuples des calamités sans nombre qui, depuis vingt ans, ont pesé sur l'Europe. »

On le voit, il n'est nullement question des Bourbons dans ce manifeste; tout au contraire les puissances veulent le maintien de l'empire français avec des garanties pour obtenir une paix générale, « en » confirmant à l'empire français une étendue de ter- » ritoire que la France n'a jamais connu sous ses an- » ciens rois. » Écoutons maintenant quelques historiens sur les résultats de la guerre. Louis Blanc dit dans l'Introduction de son *Histoire de dix ans* :

« L'histoire, qui plane au dessus des mensonges de » parti et qui juge les nations endormies, l'histoire » dira qu'en 1814 *Paris ne voulut pas se défendre;* » que la garde nationale, à l'exception de quelques » gens de cœur, ne fit pas son devoir; que la bour- » geoisie, enfin, à part *un petit nombre* d'écoliers » valeureux et de citoyens dévoués, quoique riches, » courut au devant de l'invasion. »

M. Cadiot dit aussi :

« *La France envahie n'était pas vaincue*, car sa cause n'était pas celle de Bonaparte, et *elle avait abandonné celui qui l'avait si cruellement trompée* (1). »

On le voit, d'après MM. Louis Blanc et Cadiot eux-mêmes, ce serait la France entière qu'il faudrait accuser de la restauration toute providentielle des Bourbons; mais personne n'a été coupable, excepté Napoléon. Je vais essayer de le prouver par des faits et par des dates, et j'espère réussir, car le bon droit est pour moi.

Voici d'abord ce que dit le maréchal Ney dans une lettre adressée au prince de Talleyrand et datée du 5 avril 1814, onze heures du soir :

« *Un événement IMPRÉVU* (2) ayant *tout à coup* » *arrêté les négociations, qui cependant semblaient pro-* » *mettre les plus heureux résultats*, je vis dès lors » que, pour éviter à notre chère patrie les maux

(1) Préface de la *Collection des principaux discours de la session de* 1815.

(2) *Un événement imprévu!* J'espère que ce mot, dit par le maréchal Ney, répond victorieusement aux lignes suivantes de *la Presse* du 6 août 1852 :

« La *Gazette de France* prétend que ce ne sont pas les souve-

» affreux d'une guerre civile, *il ne restait plus aux*
» *Français qu'à embrasser la cause de* NOS *anciens*
» *Rois*, et c'est pénétré de ce sentiment que je me
» suis rendu ce soir auprès de l'empereur Napoléon
» pour lui manifester *le vœu de la nation.* »

Encore une fois, est-ce clair?...

Le maréchal Augereau adressa aussitôt la proclamation suivante à son quartier général de Valence, 16 avril 1814 :

« Soldats, le Sénat, interprète de la volonté nationale, lassé du joug tyrannique de Napoléon Bonaparte, a prononcé, le 2 avril sa déchéance et celle de sa famille.

» Une nouvelle constitution monarchique, forte et libérale, et un descendant de nos anciens rois, remplaceront Bonaparte et son despotisme. Vos grades, vos honneurs et vos distinctions vous sont assurés.

» Le Corps Législatif, les grands dignitaires, les maréchaux, les généraux, et tous les corps de la grande armée, ont adhéré aux décrets du Sénat, et Bonaparte lui-même a, par un acte daté de Fontainebleau, le 11 avril, abdiqué pour lui et ses héritiers le trône de France et d'Italie.

» Soldats, vous êtes déliés de vos serments; vous l'êtes par

---

rains alliés qui ont rétabli les Bourbons en 1814. Si les souverains alliés n'eussent pas été vainqueurs en 1814 sous les murs de Paris, est-ce donc que les Bourbons fussent rentrés en France?

» Y sont-ils rentrés par une de ces « *soudaines résolutions* ou » l'une des cent éventualités si faciles à entrevoir avec un peu » d'imagination » dont parle la *Gazette de France*? Quelles sont donc ces résolutions soudaines et ces éventualités nombreuses? — Ce sont des phrases creuses, rien que des phrases creuses, et M. de Lourdoueix, qui les a tracées, le sait aussi parfaitement que nous. »

Ce que vous savez aussi parfaitement que nous, M. de Girardin, c'est que vous trompez vos lecteurs en continuant, malgré d'itératives réfutations, vos calomnies anti-nationales... Au reste, que peut faire l'honneur de la France à MM. de Girardin et Granier de Cassagnac (du Gers?...), *et tutti quanti?*

la nation, en qui réside la souveraineté; vous l'êtes encore, s'il était nécessaire, par l'abdication même *d'un homme qui, après avoir immolé des millions de victimes à sa cruelle ambition, n'a pas su mourir en soldat.*

» La nation appelle Louis XVIII : né Français, il sera fier de votre gloire, et s'entourera avec orgueil de vos chefs; fils d'Henri IV, il en aura le cœur : il aimera le soldat et le peuple. Jurons donc fidélité à Louis XVIII et à la constitution qui nous le présente; arborons la couleur française qui fait disparaître tout emblème d'une révolution qui est fixée, et bientôt vous trouverez dans la reconnaissance et dans l'admiration de votre Roi et de votre patrie une juste récompense de vos travaux (1). »

---

(1) A propos de cette proclamation du maréchal Augereau, nous trouvons le passage suivant dans une relation de l'itinéraire de Napoléon de Fontainebleau à l'île d'Elbe :

« A Lyon, où nous passâmes vers les onze heures du soir, il s'assembla quelques groupes qui crièrent : *Vive Napoléon!* Le 24, vers midi, nous rencontrâmes le maréchal Augereau près de Valence. L'empereur et le maréchal descendirent de voiture; Napoléon ôta son chapeau, et tendit les bras à Augereau, qui l'embrassa, mais sans le saluer.—*Où vas tu comme ça?* lui dit l'empereur, en le prenant par le bras, *tu vas à la cour?* Augereau répondit que pour le moment il allait à Lyon; ils marchèrent près d'un quart d'heure ensemble, en suivant la route de Valence... L'empereur fit au maréchal des reproches sur sa conduite envers lui, et lui dit : « Ta proclamation est bien bête. » Pourquoi des injures contre moi? Il fallait simplement dire : » LE VOEU DE LA NATION *s'étant prononcé en faveur d'un nou-» veau souverain, le devoir de l'armée est de s'y conformer. Vive » le Roi! Vive Louis XVIII!* » Augereau se mit aussi à tutoyer Bonaparte, et lui fit à son tour d'amers reproches sur son insatiable ambition, à laquelle il avait tout sacrifié, même le bonheur de la France entière. Ce discours fatiguant Napoléon, il se tourna avec brusquerie du côté du maréchal, l'embrassa, lui ôta encore son chapeau, et se jeta dans sa voiture. » (*Nouvelle relation de l'Itinéraire de Napoléon*, de Fontainebleau à l'île d'Elbe, rédigé par le comte de Waldbourg-Truchsess, commissaire nommé par S. M. le roi de Prusse pour l'accompagner, 2e édition, pages 20 et 21.)

Le général Dupont n'était pas moins énergique ·

« Tous les cœurs se rangent autour du trône, et partout on bénit le retour de l'auguste et légitime dynastie des Bourbons qui seule pouvait apporter à ce beau royaume le repos et le bonheur... Soldats, que l'ordre et la subordination règnent dans la paix, comme notre valeur a éclaté dans la guerre sur tous vos pas; vous répondrez ainsi dignement à l'amour d'un prince dont l'heureuse présence à fait passer *tout-à-coup la France d'un état d'humiliation intolérable et d'oppression inouïe* à l'ordre de choses prospère et inaltérable dont nous jouissons, et qu'admire l'Europe. »

Le général Carnot, à son tour, dit dans sa proclamation datée d'Anvers, 18 avril :

« Soldats! *aucun doute raisonnable* ne pouvant s'é-
» lever sur *le vœu de la nation française en faveur*
» *de la dynastie des Bourbons*, ce serait nous mettre
» en révolte contre l'*autorité légitime* que de différer
» plus long-temps à la reconnaître. Nous avons pu,
» nous avons dû procéder avec circonspection; *nous*
» *avons dû nous assurer que le peuple français ne re-*
» *cevait cette grande loi que de* LUI-MÊME. »

Carnot encore dit ailleurs, dans ses *Mémoires* :

« *Le retour des Bourbons produisit en France un*
» *enthousiasme universel* : ils furent accueillis avec
» une effusion de cœur inexprimable. Les anciens
» républicains partagèrent sincèrement les transports
» de la joie commune : Napoléon les avait particu-
» lièrement tant opprimés! toutes les classes de la
» société avaient tellement souffert qu'*il ne se trouva*
» *personne qui ne fût* RÉELLEMENT *dans l'ivresse.* »

Le savant A. Thierry dit dans son dernier ouvrage historique :

« L'accord soudain des idées de liberté de 1789 (1)

(1) *Les idees de liberté de* 89! mais qui les a rendues et mises

» avec les désirs et les projets des partisans de l'an-
» cienne royauté amena la Restauration, que les
» étrangers, dans leur victoire, n'avaient NI CHER-
» CHÉE, NI PRÉVUE... La restauration de Louis
» XVIII fut un événement providentiel. »

Et cela est si vrai, que M. Théodose Burette, qu'on ne suspectera pas de royalisme, je crois, a écrit dans son ***Histoire de France***, page 561 :

« L'entrée des alliés fut morne et silencieuse... Sur
» le boulevart des Italiens, *le* 31 *mars* 1814, des cris
» rares, mais bien accentués, s'élevaient : *Vivent les*
» *Bourbons! Vivent nos libérateurs!* La cocarde blan-
» che et les fleurs de lys reparaissaient sur les cha-
» peaux et aux boutonnières; ***LES SOUVERAINS***
» ***N'AVAIENT POINT ENCORE SONGÉ AUX***
» ***BOURBONS.*** »

M. Théodose Burette ajoute plus loin :

« L'empereur Alexandre disait qu'il y avait trois partis à prendre : faire la paix avec Napoléon, prendre contre lui toutes les sûretés; établir la régence; rappeler la maison de Bourbon. Un conseil eut lieu, composé de deux souverains, Alexandre et Frédéric-Guillaume, du prince de Schwartzemberg, du prince de Bénévent, du duc de Dalberg, de l'archevêque de Malines, et du baron Louis. Au sortir de là, Alexandre déclara qu'il ne traiterait plus avec Napoléon, ni avec aucun membre de sa famille, et une proclamation parut : « Les souverains alliés reconnaîtront et
» garantiront la constitution que *la nation française*
» *se donnera*; ils invitent en conséquence le Sénat à

---

en pratique, ces libertés, si ce n'est Louis XVI, à qui la France entière décerna alors justement le glorieux titre de *Restaurateur des libertés françaises.*

» désigner un gouvernement provisoire qui puisse » pourvoir aux besoins de l'administration et préparer » la constitution qui conviendra au peuple français.» MM. de Talleyrand, de Beurnonville, de Jaucourt, de Dalberg et l'abbé Montesquiou furent nommés par le Sénat membres du gouvernement provisoire. *Mais le retour des Bourbons n'était nullement certain*, tant que le sort de Napoléon ne serait pas fixé. »

De son côté, M. Capefigue (1) dit, en parlant d'une démarche faite par M. de Vitrolles en faveur de la maison de Bourbon :

« M. de Vitrolles trouva peu d'accueil à ses projets. J'ai lu et tenu un document dans lequel le négociateur se plaint de *la froideur des alliés pour la maison de Bourbon et pour le principe de la légitimité.* Il expose que les cabinets sont sans préférence pour aucun système, *pourvu que la France ne soit plus à craindre* (2), et que même l'Autriche paraît très disposée à traiter avec Napoléon ou avec une régence. »

Mais Napoléon lui-même, dont l'opinion doit bien avoir quelque poids dans cette circonstance, Napoléon n'a-t-il pas dit, le 20 avril, dans ses adieux de Fontainebleau : « Soldats! *la France* ***ELLE-MÊME*** *a » voulu d'autres destinées;* SOYEZ FIDÈLES A VOTRE » NOUVEAU ROI. »

Comme on le voit, les suppositions de nos adversaires sont erronées et antipatriotiques : tout cela me semble aussi absurde que si l'on prétendait que Henri IV est revenu avec les étrangers, lui, le seul

---

(1) *Histoire de la Restauration*, 3e édition, p. 90.

(2) Elle était donc plus à craindre sous le principe de la légitimité représenté par la maison de Bourbon. L'aveu est précieux, mais le Monde le savait depuis huit cents ans.

roi dont le peuple ait gardé la mémoire, selon un poète du *progrès*; lui qui, par son retour, fit cesser nos discordes intestines; lui qui légitima tous les bâtards politiques faits par Mayenne, et chassa les étrangers qui avaient fait décréter son bannissement pour s'emparer du trône au profit de l'Espagne, notre ennemie intime d'alors; lui enfin qui a été chanté par Voltaire dans sa *Henriade*, et par Casimir Delavigne, mon illustre compatriote. Voici quelques strophes de sa belle *Messénienne* intitulée : DU BESOIN DE S'UNIR, qui, malheureusement, est trop souvent d'à-propos dans notre pauvre France; cette page mérite certes bien qu'on lui pardonne sa *Parisienne* de 1830 :

Henri, divin Henri, toi qui fus grand et bon,
Qui chassas l'étranger et finis nos misères,
Les partis sont d'accord en prononçant ton nom.
Henri, de tes enfants fais un peuple de frères.
Ton image déjà semble nous protéger;
Tu renais, *avec toi renaît l'indépendance;*
O Roi le plus français dont s'honore la France,
Il est dans ton destin de voir fuir l'étranger.

Et toi, son digne fils, après vingt ans d'orage,
Règne sur des sujets par toi-même ennoblis.
Leurs droits sont consacrés dans ton plus bel ouvrage.
Oui, ce grand monument, affermi d'âge en âge,
Doit couvrir de son ombre et ton peuple et le lis.

Que la France prospère en tes mains magnanimes,
Que tes jours soient sereins, tes décrets respectés,
Toi qui proclames ces maximes :
« O Rois, pour commander, obéissez aux lois!
Peuple, en obéissant, sois libre sous tes Rois! » (1)

---

(1) Casimir Delavigne dit encore dans son ode intitulée : A NAPOLÉON :

Tu régnerais encore si tu l'avais voulu.
Fils de la liberté, tu détrônas ta mère,

Ainsi généraux, magistrats, historiens et poètes, sont du même avis sur ce point, que les Bourbons sont revenus en France sans le concours des étrangers, et même contre leur gré, excepté messieurs de *la Presse*, du *Constitutionnel*, et tant d'autres illustres organisateurs de désordres, qui ont pour habitude de ne jamais ni penser ni faire comme tout le monde. Ecoutons encore Auguste Barbier, républicain véritablement de la veille celui-là; voici ce qu'il écrivait à l'occasion de l'inauguration de la statue de Napoléon sur la colonne Vendôme, en 1833 :

Encor Napoléon ! encor sa grande image !
Ah ! que ce rude guerrier
Nous a coûté de sang, et de pleurs, et d'outrages,
Pour quelques rameaux de laurier !

J'ai vu l'invasion à l'ombre de nos marbres
Entasser ses lourds chariots;
Je l'ai vue arracher l'écorce de nos arbres
Pour la jeter à ses chevaux.

Armé contre ses droits d'un pouvoir éphémère,
Tu croyais l'accabler, tu l'avais résolu :
Mais la tombe creusée pour elle
Dévore tôt ou tard le monarque absolu;
Un tyran tombe ou meurt; seule elle est immortelle.

Jean Reboul ne fait pas défaut à ses confrères en poésie, quand il s'agit de patriotisme et de liberté :

Qu'il ait ou non sauvé la France,
Anathème à celui qui ferma de sa main
La source de l'intelligence
Pour en sevrer le genre humain;
A celui qui, posté sur la route des âges,
Aux temps rénovateurs fit rebrousser chemin,
Parce qu'il avait vu leur menaçant lointain
A d'autres dieux que lui présenter des hommages.
Qu'en cercles rassemblés autour de son néant,
Tant de jours avortés maudissent sa mémoire !

J'ai vu l'homme du Nord à la lèvre farouche
    Jusqu'au sang nous meurtrir la chair,
Nous manger notre pain, et jusque dans la bouche
    S'en venir respirer notre air.

Eh bien! dans tous ces jours d'abaissement, de peine,
    Pour tous ces outrages sans nom,
Je n'ai jamais chargé qu'un être de ma haine :
    Sois maudit, ô Napoléon!

. . . .

Voilà de la vérité, voilà de la probité en histoire. Que, selon la judicieuse expression de M. le comte de Saint-Roman, Louis XVIII se soit glissé sur le trône de ses ancêtres pendant ces « négociations avec Napoléon » qui promettaient les plus heureux résultats », d'après Ney, je l'accorderais volontiers; mais alors le Roi avait la France entière pour complice. Comment supposer sérieusement, en effet, que nos vaincus de quatorze siècles, que ces mêmes étrangers que nous avons dépouillés pièce à pièce de leurs provinces pour nous agrandir et nous fortifier à leurs dépens, soient venus restaurer leurs maîtres, leurs vainqueurs d'hier, leurs vainqueurs de demain, peut être? c'est impossible, cela n'est pas vrai, ce résultat n'avait été « *ni cherché ni prévu.* »

II

Maintenant, voulez-vous savoir pourquoi *Paris n'a pas voulu se défendre en* 1814? c'est parce que la France n'était pas attaquée (1), et que l'Europe n'en

(1) L'empereur Alexandre l'a prouvé en disant au Sénat :
« Un homme qui se disait mon allié est entré dans mes états » en injuste agresseur ; c'est à lui que j'ai fait la guerre, et non » au peuple français, dont je suis l'admirateur et l'ami. »
L'empereur Alexandre ne laisse échapper aucune occasion

voulait qu'à Napoléon ; c'est que Napoléon avait juré, le 20 mai 1804, de « gouverner dans la seule vue » de l'intérêt, du bonheur et de la gloire du peuple » français », et qu'il a faussé ses serments. Napoléon a trop souvent négligé l'intérêt et le bonheur de la France pour satisfaire son égoïsme et son ambition propre (1). Il fit supprimer *le Moniteur* du 20 janvier

---

de protester contre sa participation au retour des Bourbons. Dans une conférence qu'il eut avec Fouché, en présence du prince de Talleyrand, il dit encore, d'après M. Capefigue :

« Ce n'est pas moi qui ai fait tous ces arrangements ; s'ils ne réussissent pas, il faut s'en prendre au Sénat et à la ville de Paris ; j'ai voulu laisser les Français libres d'exprimer leurs vœux. Quant à ma façon de penser personnelle, *je n'avais pas de prédilection personnelle pour les Bourbons.* »

Le général Schwartzemberg dit aussi dans sa proclamation du 31 mars 1814 :

« Les souverains alliés cherchent, de bonne foi, une autorité » salutaire en France, qui puisse cimenter l'union de toutes les » nations et de tous les gouvernements. C'est à la ville de Paris » qu'il appartient, dans les circonstances actuelles, d'accélérer » la paix du monde. Son vœu est attendu avec l'intérêt que doit » inspirer un si immense résultat ; qu'elle se prononce, et dès ce » moment l'armée qui est devant ses murs devient le soutien » de ses décisions. »

En présence de pareilles déclarations, si la France, si Paris eût préféré Napoléon II ou la République aux Bourbons, pourquoi ne l'avoir pas demandé...?

(1) Voici le jugement que porte Lucien Bonaparte sur son frère Napoléon :

« La conduite de Napoléon n'est réglée que par sa politique, et sa politique n'est fondée que sur son égoïsme. Jamais peut-être aucun homme n'eut à un pareil point ce principe d'égoïsme qui est si commun dans l'espèce humaine. Il fut implanté dans son cœur par la nature, et entretenu par l'éducation qui le sépara de si bonne heure de la société. »

Joachim Murat, beau-frère de Napoléon, partage l'opi-

1814, qui contenait plusieurs pièces importantes sur les négociations entamées avec l'Europe en armes. Dans l'une de ces pièces, datée de Francfort, le 9 no-novembre 1813, et écrites par M. le baron de Saint-Aignan, ce diplomate dit que M. de Metternich le charge de porter à l'empereur des Français la réponse à ses propositions, dans laquelle on remarque :

« Que les puissances étaient engagées par des liens indissolubles qui faisaient leur force et dont elles ne dévieraient jamais;

» Que les souverains coalisés étaient unanimement d'accord sur la puissance et la prépondérance que la France doit conserver dans leur intégrité, et en se renfermant dans ses *limites, naturelles, qui sont le Rhin, les Alpes et les Pyrénées.* »

Le ***hideux*** 20 ***mars***, selon l'expression de M. Villemain, nous a privés de nos frontières naturelles. A qui la faute? A Napoléon, qui l'a reconnu plus tard, en disant, à Sainte-Hélène : « Si j'avais cru Le Sage, je ne serais pas revenu. » C'est aussi parce que la France voulait *la paix générale*, et qu'elle ne pouvait l'obtenir

---

nion de tous. Voici une de ses proclamations datée de 1814 :

« Aussi long temps que j'ai pu croire que Napoléon combattait pour la gloire et la paix de la France, j'ai combattu à ses côtés; mais il ne m'est plus possible de conserver aucune illusion, et je trahirais les intérêts de mon ancienne patrie et ceux de mes états si je ne joignais à l'instant mes armes à celles des puissances alliées, dont les intentions magnanimes sont de rétablir la dignité des trônes et l'indépendance des nations.

» Je sais qu'on cherche à égarer le patriotisme des Français qui sont dans mon armée par de faux sentiments d'honneur et de fidélité, comme s'il y avait de l'honneur et de la fidélité à assujettir le monde à la folle ambition de Napoléon.

» Soldats, il n'y a plus que deux bannières en Europe; sur l'une vous lirez : RELIGION, MORALE, JUSTICE, MODÉRATION, LOIS, PAIX et BONHEUR; sur l'autre : PERSÉCUTIONS, ARTIFICES, VIOLENCES, TYRANNIE, GUERRE et DEUIL DANS TOUTES LES FAMILLES.... Choisissez. »

qu'avec la monarchie héréditaire et traditionnelle; c'est, enfin, parce que la France pensait comme le Sénat, dont voici le décret :

« Considérant que, dans une monarchie constitutionnelle, le monarque n'existe qu'en vertu de la constitution ou du pacte social ;

» Que Napoléon Bonaparte, pendant quelque temps d'un gouvernement ferme et prudent, avait donné à la nation des sujets de compter pour l'avenir sur des actes de sagesse et de justice, mais qu'*ensuite il a déchiré le pacte qui l'unissait au peuple français, notamment en levant des impôts, en établissant des taxes* autrement qu'en vertu de la loi, contre la teneur expresse du serment qu'il avait prêté à son avénement au trône, conformément à l'art. 53 de l'acte des constitutions du 28 floréal an XII ;

» Qu'il a commis cet attentat aux droits du peuple lors même qu'il venait d'ajourner sans nécessité le Corps législatif et de faire supprimer, comme criminel, un rapport de ce Corps, auquel il contestait son titre (1) et sa part à la représentation nationale ;

---

(1) Le Corps législatif ayant un jour félicité l'impératrice Joséphine sur les victoires de son époux, Joséphine répondit : « Je suis très flattée de ce témoignage d'estime du Corps législatif, *qui représente la nation.* » Bonaparte, choqué de cette réponse, fit publier l'article suivant dans le *Moniteur* du 15 décembre 1808 :

« Le premier représentant de la nation, c'est l'empereur ; » après l'empereur, c'est le Sénat ; après le Sénat, c'est le Con- » seil d'état, et ensuite le Corps législatif, car, s'il y avait un » corps représentant la nation, ce corps serait souverain. La » Convention, et même le Corps législatif (qui lui a succédé), » ont été représentants de la nation l'une comme l'autre. *Nos » malheurs sont venus en partie de cette exagération d'idées. » Ce serait une prétention criminelle que de vouloir représen- » ter la nation avant l'empereur.* Le Corps législatif, impro- » prement appelé de ce nom, devrait être appelé *Conseil légis- » latif*, puisqu'il n'a pas la faculté de faire des lois. Dans l'or- » dre de toute hiérachie constitutionnelle, le premier représen- » tant de la nation est l'empereur, et ses ministres, les organes

» Qu'il a entrepris une suite de guerres en violation de l'art. 50 de l'acte des constitutions du 22 frimaire an VIII, qui veut que la déclaration de guerre soit posée, discutée, décrétée et promulguée comme les lois;

» Qu'il a inconstitutionnellement rendu plusieurs décrets portant peine de mort, nommément les deux décrets du 5 mars dernier, tendant à faire considérer comme nationale une guerre qui n'avait lieu que dans l'intérêt de son ambition démesurée;

» Qu'il a violé les lois constitutionnelles par ses décrets sur les prisons d'état;

» Qu'il a anéanti la responsabilité des ministres, confondu tous les pouvoirs, détruit l'indépendance des corps judiciaires;

» Considérant que la liberté de la presse, établie et consacrée comme l'un des droits de la nation, a été constamment soumise à la censure arbitraire de sa police, et qu'en même temps il s'est toujours servi de la presse pour remplir la France et l'Europe de faits controuvés, de maximes fausses, de doctrines favorables au despotisme, et d'outrages contre les gouvernements étrangers;

» Que des actes et rapports entendus par le Sénat ont subi des altérations dans la publication qui en a été faite;

» Considérant qu'au lieu de régner dans la seule vue de l'intérêt, du bonheur et de la gloire du peuple français, aux termes de son serment, Napoléon a mis le comble aux malheurs de la patrie par son refus de traiter à des conditions que l'intérêt national obligeait d'accepter, et qui ne compromettaient pas l'honneur français;

» Par l'abus qu'il a fait de tous les moyens qu'on lui a confiés en hommes et en argent;

» Par l'abandon des blessés sans pansement, sans secours et sans subsistances;

» Par différentes mesures dont la suite était la ruine des villes, la dépopulation des campagnes, la famine et les maladies contagieuses;

» de ses décisions; la seconde autorité représentative est le Sé-
» nat; la troisième le Conseil d'état, qui a de véritables attri-
» butions législatives; le Conseil législatif a le quatrième rang.
» Tout rentrerait dans le désordre si d'autres idées constitution-
» nelles venaient *pervertir* les idées de *nos constitutions mo-*
» *narchiques.* »

» Considérant que, par toutes ces causes, le gouvernement impérial, établi par le sénatus-consulte du 28 floréal an XII, a cessé d'exister, et que le vœu manifeste de tous les Français appelle un ordre de choses dont le premier résultat soit le rétablissement de la paix générale, et qui soit aussi l'époque d'une réconciliation solennelle entre tous les états de la grande famille européenne ;

» Le sénat déclare et décrète ce qui suit :

» Art. 1er. — Napoléon Bonaparte est déchu du trône, et le droit d'hérédité établi en sa faveur est aboli.

» Le peuple français et l'armée sont déliés du serment de fidélité envers Napoléon Bonaparte.

» Signé : Barthélemy, comte de Valence,
Pastoret. »

Voilà pourquoi *la France n'a pas voulu se défendre en 1814* ! Et si la nation applaudit avec des transports d'allégresse à ces divers décrets et proclamations, c'est parce que, comme dit Carnot, « le retour des » Bourbons produisit un enthousiasme universel. »

La Cour de cassation fût le premier des corps constitués qui envoya son adhésion au Sénat :

« Nous nous empressons de vous adresser l'hom» mage de nos sympathies et de notre soumission.

» Puissions-nous bientôt jouir de cette constitution » qui doit réparer tant de maux et sécher tant de lar» mes ! Puissions-nous, après plus de vingt ans d'ora» ges et de malheurs, trouver enfin le repos à l'ombre » de ce sceptre antique et révéré qui, pendant huit » siècles, a si glorieusement gouverné la France ! »

III.

L'entrée à Paris de M. le comte d'Artois, frère du Roi, le 12 avril 1814, fut une véritable marche triomphale. Jamais peut-être pareil enthousiasme ne s'était manifesté. Faisaient partie de son nombreux et brillant cortége les maréchaux, parmi lesquels on distinguait Moncey, Marmont, Mortier, confondus dans un sentiment commun, dit le *Journal des Débats*, avec les descendants des La Trémouille et des Montmorency. « MONSIEUR, dit le maréchal Ney, en portant la parole au nom de ses frères d'armes, nous avons servi avec zèle un gouvernement qui nous commandait au nom de la France ; V. A. et S. M. *verront avec quelle fidélité* et avec quel dévouement *nous saurons servir notre roi légitime.* »

Son Altesse Royale a répondu :

« Messieurs, vous avez illustré les armes françaises;
» vous avez porté dans les contrées les plus éloignées
» la gloire du nom français : à ce titre, le Roi re-
» vendique tous vos exploits ; tout ce qui a été fait
» pour la France n'a jamais été étranger au Roi ! »

Voici comment le *Journal des Débats* du 13 avril rend compte de cette grande et belle journée :

« Nous avons vu bien des fêtes depuis vingt-quatre ans ; rien n'y était épargné pour nous éblouir par la pompe et la nouveauté du spectacle, la richesse des costumes, le luxe des voitures, l'élégance des illuminations ; tout l'appareil extérieur de la puissance y était déployé pour nous imposer ; mais cette illusion d'un moment était aussitôt effacée et détruite par la réalité des choses. On frappait nos sens, mais on ne parlait pas et l'on ne pouvait parler à nos cœurs. En vain les dominateurs de la France affectaient la majesté des Rois : nos consciences leur refusaient ce respect intérieur sans lequel les hommages publics ne sont que de viles adulations, de ridicules représentations de théâtre. Ils manquaient essentiellement de dignité, parce qu'ils ne pouvaient cacher à nos yeux le caractère de nouveauté et d'usurpation qui les accompagnait partout.... Voilà les sentiments que nous étions encore forcés de contenir il y a quinze jours, et qui ont éclaté aujourd'hui avec une unanimité sans exemple, à la présence d'un prince de la maison royale de France, de cette antique et glorieuse maison qui a régné sur nous pendant 800 ans, à qui nous devons nos arts, nos sciences, nos monuments, la politesse de nos manières, l'aménité et l'élégance de nos mœurs, et tout ce qui nous relevait autrefois parmi les autres nations.

» Il est impossible de décrire l'enthousiasme et la joie que l'immense population de Paris a fait éclater partout sur le passage de S. A. R. Nous n'avons jamais rien vu de semblable, et nous ne craignons pas de dire que nos pères n'ont rien vu de plus beau, de plus auguste et de plus touchant. Il ne s'agit pas ici de pompe et de magnificence ; il s'agit de l'amour du peuple pour le prince et de l'amour du prince pour le peuple.

» MONSIEUR répondait à l'allégresse du peuple par les salutations les plus affectueuses. On ne pouvait se lasser d'admirer à la fois et cette dignité qui brillait dans toute sa personne, et cette bonté qui régnait sur tout son visage : à ces traits, qui n'aurait pas reconnu le fils de Saint-Louis et de Louis XIV, et le frère de Louis XVI ?

» C'est au milieu d'une population rendue heureuse par sa présence que MONSIEUR est arrivé à Notre-Dame, où, après avoir entendu le *Te Deum* et le *Domine salvum fac regem*, il a été reconduit par le même cortége jusqu'au palais des Tuileries. »

A l'occasion de la rentrée du roi Louis XVIII à Paris, le 3 mai, le même journal dit encore :

« Il est enfin remonté sur le trône de ses ancêtres ce roi que les vœux des bons Français appelaient depuis tant d'années. Les habitants de Paris se sont montrés dignes par leurs hommages, leur allégresse et les marques touchantes de leur piété filiale, de revoir ce père qui n'a cessé de chérir ses enfants, de les plaindre, de s'occuper de leur bonheur, même au milieu de leurs plus grands égarements. Nous ne pourrons jamais donner une assez juste idée des solennités qui ont accompagné le retour du roi dans sa capitale, tant l'affluence était grande et tant elle a fait naître d'événements féconds en merveilles inattendues. »

Lorsque M. le comte de Chabrol, préfet de la Seine, reçut l'auguste frère de Louis XVI, en tête du conseil municipal, il dit au monarque :

« L'image de Henri IV, dérobée si long-temps à nos regards, reparaît dans ce jour solennel ; elle nous rappelle des temps d'orages auxquels succéderont bientôt ceux de la félicité publique. Son règne a recommencé aujourd'hui. La France entière, heureuse par sa confiance et son amour, tourne aussi ses regards sur des princes chéris, sur une princesse auguste dont le nom réveille tant de sentiments et d'émotions, et s'écrie dans des transports de joie et d'attendrissement : *Vive le roi! Vivent les Bourbons!* »

Enfin, toute la France répéta dans ses innombrables adresses au Roi cette grande vérité exprimée par le conseil municipal de Caen : « Sire, vous devez » maintenant compter autant de sujets que de Fran- » çais. La Providence n'a voulu frapper votre peuple » que pour lui apprendre qu'*il n'est pas de bonheur* » *ni de paix loin de ses rois légitimes.* »

IV.

Quelle différence entre ces sentiments et ceux que nous voyons éclater lorsqu'on apprend la conspiration de 1815 et le débarquement de Napoléon! Un frémissement d'épouvante et d'indignation parcourut toute la France. Les colonnes du *Moniteur* d'alors sont remplies de protestations et de serments de fidélité envers le Roi : maréchaux, généraux, officiers, préfets, corps municipaux, magistrats, universités, des citoyens de toute classe de Paris et des départements, déposent leur fortune et leur vie aux pieds de S. M. (1).

---

(1) L'illustre maréchal de Gouvion Saint-Cyr, fidèle à son nouveau serment, après avoir accompagné MONSIEUR jusqu'à Lyon, se dirigea sur Orléans, qu'il conserva au Roi jusqu'au *vingt-quatre mars*, quand depuis le *vingt mars* Bonaparte s'était rendu maître de Paris et de presque toute la France.

Cependant, le 21 mars, le général Pajol ayant voulu prendre le commandement d'Orléans au nom de l'empereur, le maréchal de Gouvion Saint-Cyr le fit mettre aux arrêts, puis il fit distribuer et afficher à profusion cette belle et dernière proclamation de Louis XVIII, imprimée sur l'original écrit de la main du Roi :

« Officiers et soldats,

» J'ai répondu de votre fidélité à toute la France. Vous ne dé-

Le maréchal Ney court se jeter aux pieds de Louis XVIII en sollicitant du service et il promet de ramener Bonaparte dans une cage de fer (1); Masséna lance aux

---

mentirez pas la parole de votre Roi. Songez que, si l'ennemi pouvait triompher, la guerre civile serait aussitôt allumée parmi nous; et qu'à l'instant même plus de trois cent mille étrangers, dont je ne pourrais plus enchaîner les bras, fondraient de tous côtés sur notre patrie. Vaincre ou mourir pour elle, que ce soit là notre cri de guerre.

» Et vous qui suivez en ce moment d'autres drapeaux que les miens, je ne vois en vous que des enfants égarés. Abjurez donc votre erreur, et venez vous jeter dans les bras de votre père; et, j'y engage ma foi, tout sera sur-le-champ mis en oubli.

» LOUIS. »

Plus tard, Napoléon, pour essayer de ternir la réputation du maréchal et se venger de sa fidélité au Roi, fit insérer la note suivante dans le *Journal de l'Empire* du 8 avril 1815 : « Le » maréchal Gouvion Saint Cyr a assisté au lever de S. M., qui » s'est long-temps entretenue avec lui. »

Napoléon *oublie* d'ajouter dans sa note que le maréchal fut appelé à son lever par les gendarmes et qu'il refusa avec énergie de prendre du service. Le maréchal resta dans une solitude complète jusqu'au second retour du Roi, et il rendit les plus éminents services à la France comme ministre de la guerre et de la marine. C'est au maréchal Gouvion Saint-Cyr que l'on doit la formation et l'organisation des magnifiques régiments de la garde royale, que l'Europe nous enviait, et que les révolutionnaires, jaloux de toutes nos gloires monarchiques, ont impitoyablement massacrés et détruits en 1830.

(1) « La conduite du maréchal Ney à l'égard de la maison de Bourbon était coupable, dit M. Capefigue : il y avait quelque chose d'odieux dans ce dévouement de la veille et celui du lendemain. Rien n'est plus vrai que le maréchal Ney avait baisé la main du Roi à son départ, et prononcé ces fatales paroles : *J'amènerai Bonaparte dans une cage de fer.* Le prince de Poix, le duc de Duras, l'avaient entendu; un ministre, qui entra quelques minutes après chez le Roi, le trouva tout étonné des paroles de Ney; elles avaient même inspiré à Louis XVIII une sorte de dégoût : il

Marseillais, le 9 mars 1815, une proclamation pleine de dévouement qui se termine ainsi :

« Habitants de Marseille,

» Vous pouvez compter sur mon zèle et sur mon dévoue-

---

s'expliquait difficilement cette haine du maréchal Ney contre Napoléon. « Quelles expressions! dit le Roi, emmener un ancien » camarade, comme une bête fauve, dans une cage de fer! »

Dans l'interrogatoire que lui fit subir M. Decazes, préfet de police, le maréchal Ney s'exprime ainsi :

« J'ai en effet baisé la main du Roi, S. M. me l'ayant présentée en me souhaitant un bon voyage. Le débarquement de Bonaparte me paraissait si extravagant, que j'en parlais avec indignation, et que je me servis en effet de cette expression de *cage de fer.* »

Dans son premier interrogatoire devant la Chambre des pairs, essaya de nier ce propos; il dit, le 4 décembre 1815 :

« Plusieurs personnes assurent que j'ai promis d'*amener* Buo» naparte dans une cage de fer. *Je crois* avoir dit seulement que, » s'il était pris, IL MÉRITAIT d'être mis dans une cage de fer. »

Puis, le lendemain, après les dépositions du prince de Poix et du duc de Duras, il avoue avoir tenu ce langage en quittant Louis XVIII; mais il croit s'excuser en ajoutant :

« J'ai cru tout perdu. Les soldats n'auraient jamais voulu se battre contre Buonaparte : c'était une rage, absolument une rage. *Tous ces gens là croyaient que le débarquement de Buonaparte était une affaire arrangée avec l'Autriche et l'Angleterre;* que *la croisière anglaise s'était éloignée exprès* de l'île d'Elbe pour le laisser passer. »

Malgré les éloquentes et généreuses plaidoiries de MM. Berryer et Dupin, Ney fut condamné à mort et fusillé le 7 décembre au matin. Le *Journal des Débats* du 8 fait les réflexions suivantes :

« Ainsi finit un guerrier justement célèbre par sa valeur, mais qui a déshonoré une vie héroïque par une trahison sans égale dans l'histoire, et par un système de défense presque aussi déshonorant. Méconnaître son Roi, mettre lâchement sa vie sous la protection de l'étranger, sont des actions si indignes d'un Français, qu'elles font taire dans tous les cœurs le sentiment de la commisération. Avec plus d'élévation dans le caractère, il aurait

» ment. J'ai juré fidélité à notre roi légitime. Je ne dévierai ja-
» mais du chemin de l'honneur. Je suis prêt à verser tout mon
» sang pour le soutien de son trône. »

Et le maréchal Soult, l'un des plus illustres capitaines de Napoléon, que dit-il de son retour de l'île d'Elbe?... Voici son ordre du jour à l'armée; je le copie textuellement :

« SOLDATS !

« Cet homme, qui naguère abdiqua aux yeux de toute l'Europe le pouvoir usurpé dont il avait fait un si fatal usage, Buonaparte est descendu sur le sol français, qu'il ne devait plus revoir.

» Que veut-il ? La guerre civile. Que cherche t-il ? Des traîtres. Où les trouverait-il ? Serait-ce parmi ces soldats qu'il a trompés et sacrifiés tant de fois en égarant leur bravoure ? Serait-ce au sein de ces familles que son nom seul remplit encore d'effroi ?

» Buonaparte nous méprise assez pour croire que nous pouvons abandonner un souverain légitime et bien aimé pour partager le sort d'un homme qui n'est plus qu'un aventurier. Il le croit, l'insensé ! et son dernier acte de démence achève de le faire connaître.

» Soldats ! l'armée française est la plus brave armée de l'Europe : elle sera aussi la plus fidèle.

» Rallions-nous autour de la bannière des lis, à la voix de ce père du peuple, de ce digne héritier des vertus du grand Henri. Il vous a tracé lui-même les devoirs que vous avez à remplir. Il met à votre tête ce prince, modèle des chevaliers français, dont l'heureux retour dans notre patrie a déjà chassé l'usurpateur, et qui, aujourd'hui, par sa présence, va détruire son seul et dernier espoir. »

---

reconnu que ce n'était point par de vaines subtilités, par de misérables chicanes de droit, qu'un criminel tel que lui pouvait désormais échapper au châtiment.

» Il était mieux inspiré lorsqu'il comparut la première fois devant le magistrat chargé de l'interroger : « Je suis trop coupa-
» ble, avait-il dit, pour marchander ma vie avec le Roi, il fera
» de moi ce qu'il voudra. » Il eût été à désirer pour son honneur qu'il n'eût jamais fait d'autre réponse. »

Tous les généraux et maréchaux suivirent l'exemple du maréchal Soult. Le maréchal Jourdan écrit au Roi de son quartier général de Rouen, le 10 mars :

« Sire,

» La France, heureuse sous le gouvernement paternel de Votre Majesté, libre par une constitution qu'elle tient de votre sagesse, repousse de son sein l'homme sous le despotisme duquel elle a gémi si long-temps. Si, dans toutes les circonstances, les militaires français ont été les modèles de l'honneur, combien dans celui-ci il leur sera doux de remplir les devoirs que l'honneur leur impose! Oui, sire, nous sommes prêts à verser tout notre sang pour la défense du trône et de la patrie. Daignez en agréer l'assurance, et permettez-moi d'y joindre celle de notre fidélité inviolable et de notre dévouement sans bornes.

» Le maréchal de France, comte JOURDAN. »

Le maréchal Oudinot n'est pas moins énergique :

« Sire,

» Si les ennemis de la patrie ont osé fonder leur espoir sur les dissensions qu'ils cherchent à fomenter, il n'est pas un de nous qui ne soit prêt à verser son sang pour arrêter leurs criminels projets et maintenir l'honneur d'un trône sur lequel repose désormais tout notre espoir. »

Voici la proclamation du maréchal de Bellune :

« L'ordonnance du roi et la proclamation de Sa Majesté du 6 de ce mois annoncent aux Français le nouvel attentat de Bonaparte à la paix et au bonheur dont ils jouissent sous le gouvernement paternel de leur souverain légitime et justement chéri, mais elles annoncent le châtiment prochain de ce nouveau crime. Déjà nos troupes sont à la poursuite de son auteur, et tout fait espérer qu'il touche au terme de sa funeste existence. Cependant si cette espérance était un instant déçue, si les desseins perfides de Bonaparte trouvaient des partisans assez nombreux pour en seconder l'exécution, quel est l'homme d'honneur qui hésiterait à les combattre? Tous les Français seront donc prêts, s'il le faut, à repousser leurs ennemis; car c'est l'homme qui a tyrannisé, désolé et trahi la France pendant douze ans qu'il faudrait poursuivre, ainsi que les satellites qui l'assisteraient dans ses brigandages; c'est l'honneur national, le Roi, la Charte constitutionnelle, la patrie enfin, qu'il faudrait défendre.

» Soldats, vos sentiments me sont connus, et si nous sommes appelés à concourir à la destruction des factieux, nous remplirons nos devoirs, nos serments, et notre auguste et bon Roi sera satisfait de nos services.

» Au quartier général de Sedan, **10** mars **1815**.

» Le maréchal duc de BELLUNE. »

Et le maréchal Maison :

« En apprenant que Napoléon Bonaparte a osé remettre le pied sur le sol de la France, dans l'espoir de nous diviser, d'y allumer la guerre civile et d'accomplir ses projets de vengeance, il n'est aucun de nous qui ne se sente animé de la plus profonde indignation.

» N'est-ce donc pas assez que le délire de son ambition nous ait traînés dans toutes les parties de l'Europe, ait soulevé tous les peuples contre nous, perdu les provinces que la valeur française avait conquises avant qu'il ne fût connu dans nos rangs, ouvert enfin à l'étranger le royaume et la capitale même?... Il veut aujourd'hui armer les Français contre les Français, troubler notre paix intérieure, détruire toutes nos espérances et nous ravir encore une fois la liberté et la Charte constitutionnelle que Louis le Désiré nous avait rendus?...... Non, soldats, non! nous ne le souffrirons pas; nos serments, notre honneur, en sont les garants sacrés, et nous mourrons tous, s'il le faut, pour le Roi et la patrie : *Vive le Roi!*

» Le gouverneur de la 1re division militaire, pair de France,

» *Signé* comte MAISON. »

Et le général comte Dupont :

« Sire,

» Les troupes qui composent le corps d'armée dont V. M. a daigné me confier le commandement sont heureuses d'avoir été choisies des premières pour concourir à la vengeance du trône et de la patrie. Cet ambitieux, que la France a proscrit à jamais, et dont il a fait trop long-temps le malheur, vient pour l'agiter et la désoler de nouveau; mais il va y trouver le prix de ses fureurs et le terme de ses projets insensés. Suivi d'une poignée d'hommes égarés par la séduction, il ose insulter à l'armée française; il prétend la combattre, et en même temps il cherche à y semer la trahison; mais ses menaces et ses séductions seront également impuissantes : elle ne le connaît plus que comme un *rebelle* et un *traître*; cette expression de la loi qui le foudroie est dans toutes les bouches, et devient le cri universel.

» Le comte DUPONT.

» Orléans, le 15 mars 1815. »

Et le maréchal Moncey :

« Gendarmes !

» Bonaparte vient de pénétrer dans une de nos provinces les armes à la main : les ennemis du trône et de la patrie cherchent à s'emparer de cet événement pour allumer la guerre civile parmi nous ; leur attente, également insensée et criminelle, sera trompée.

» Gendarmes, je connais les sentiments d'honneur qui vous animent. C'est en ce moment surtout que, par l'accomplissement le plus scrupuleux de vos devoirs, vous donnerez au meilleur des rois des preuves d'un dévouement sans bornes et de la fidélité que vous lui avez jurée. Je viens, de nouveau, de m'en porter garant auprès de son auguste personne.

» Maréchal MONCEY. »

Et le fidèle Bertrand lui-même, que dit-il en parlant du *hideux 20 mars* (1) :

« Napoléon revint sans l'approbation des puissances
» monarchiques, qui n'avaient pu prévoir un pareil *at-*
» *tentat*, et qui se mirent en colère contre celui qui
» s'en était rendu coupable. Ils crièrent tous à l'usur-
» pation, et leurs innombrables baïonnettes furent *di-*
» *rigées contre Napoléon*. »

La ville de Caen, fidèle comme en 1814, terminait ainsi on adresse au Roi :

« Nous avons le présage, Sire, que la Providence n'a permis cette entreprise insensée que pour infliger à un trop fameux coupable le juste châtiment qui lui est dû, et donner à votre peuple l'occasion de témoigner avec éclat sa fidélité et son dévoûment à sa personne sacrée. »

---

(1) Et pourquoi le hideux 20 mars, puisque M. Capefigue avoue « qu'*en 1814, il n'y eut pas un seul personnage qui eût* » *à se plaindre de Louis XVIII* » ?

Enfin voici l'adresse des avocats de la Cour de cassation dans cette déplorable conjoncture ; elle est insérée au *Moniteur* du 11 mars :

« Sire,

» Les avocats, en votre Cour de cassation, spontanément réunis au Palais de Justice, éprouvent le besoin de manifester hautement la profonde indignation dont l'audace d'un rebelle les a pénétrés.

» Ils jurent de nouveau amour, fidélité, dévoûment absolu, à la personne sacrée de V. M.

» Chacun d'eux offre au meilleur des Rois, au gardien de la liberté publique, le sacrifice de sa vie. »

En présence de ces témoignages de sympathie et de dévoûment, le Roi convoque les deux chambres et se rend à celle des députés, entouré de toute sa famille. « Messieurs, dit le vénérable monarque, dans ce mo- » ment de crise, où l'ennemi public a pénétré dans » une partie de mon royaume, et qu'il menace la li- » berté de tout le reste, je viens au milieu de vous » resserrer encore les liens qui vous unissent à moi et » font la force de l'État. J'ai revu ma patrie, je l'ai » réconciliée avec toutes les puissances étrangères, » qui seront, n'en doutons pas, fidèles aux traités qui » nous ont rendu la paix; j'ai travaillé au bonheur » de mon peuple, j'ai recueilli et je recueille tous les » jours les marques les plus touchantes de son amour: » pourrais-je, à soixante ans, mieux terminer ma car- » rière qu'en mourant pour sa défense? Je ne crains » donc rien pour moi, mais je crains pour la France. » Celui qui vient allumer parmi nous les torches de » la guerre civile y apporte aussi le fléau de la guerre » étrangère ; il vient remettre notre patrie sous son » joug de fer; il vient enfin détruire cette Charte » constitutionnelle que je vous ai donnée, cette » Charte mon plus beau titre aux yeux de la postérité,

» cette Charte que tous les Français chérissent, et que » je jure ici de maintenir. » On ne peut peindre l'effet produit par ce discours ; des cris de : *Mourir pour le Roi ! Guerre à l'usurpateur !* se firent entendre de toutes parts.

De son côté, le conseil municipal de Paris porte au Roi l'expression de ses vœux et de ses craintes :

« SIRE,

» Depuis le retour de V. M., la France commençait à respirer. La liberté publique et particulière assurée par une charte solennelle, le crédit renaissant, nos ports rouverts au commerce, les bras rendus à l'agriculture, l'harmonie établie entre tous les corps de l'état, la certitude de la paix donnée à l'Europe, tout garantissait à notre pays le bonheur qu'il n'a connu que sous vos ancêtres;

» Et c'est là le moment que choisit cet étranger pour souiller notre sol de son odieuse présence !

» Que veut-il de nous?

» Quels droits peut-il prétendre, lui dont la tyrannie nous aurait affranchis de tous devoirs, et qui, par son abdication, aurait relevé les plus scrupuleux de leurs serments?

» Que vient-il chercher dans notre France, qu'il désola si long-temps ?

» En vain, depuis un an, Sire, vous vous consumez d'efforts généreux pour réparer tant de maux. Ces maux pèsent encore sur nous, et pourtant il ose paraître à nos regards ! Il désire donc encore que, pour réparer nos pertes, l'élite de notre jeunesse, victime de son gigantesque orgueil, aille périr sur ses pas ou dans les neiges de la Russie, ou dans les montagnes arides de l'Espagne?

» Faut il donc incendier une seconde fois l'univers pour appeler une seconde fois l'univers sur la France, couverte déjà de tant de sang ! c'est du sang encore qu'il demande ; c'est la guerre civile qu'il veut apporter aux enfants de la France ! Il croit donc qu'il ne pourra jamais fatiguer ni la clémence du ciel, ni la longanimité d'une nation qui consentait à l'oublier.

» Grâces à la Providence, nous respirons enfin sous un régime paternel, sous l'autorité tutélaire et légitime de l'antique race de nos anciens Rois. Chaque moment de votre règne, Sire, est marqué par un bon sentiment pour vos Français, par un acte de garantie du bonheur et de la liberté publique; il n'est pas une de vos paroles qu'on ne répète avec attendrissement; pas une de vos actions où ne soient empreints votre amour pour vos sujets et votre ardent désir d'étouffer toute dissension civile. Aussi n'est-il pas un de nous, Sire, qui ne soit prêt à périr au pied du trône pour défendre son Roi, aux pieds de Louis le Désiré, pour défendre son père.

» Oui, Sire, nous le jurons à Votre Majesté.

» Ce serment n'est pas le nôtre seulement, c'est celui de tout Français qui aime l'honneur, son Roi, sa patrie et sa famille! »

On sait comment, Napoléon et ses soldats s'étant emparés de la France épouvantée, la guerre fut de nouveau déclarée, et les puissances réunies à Vienne firent la déclaration suivante, à la nouvelle de ce grand attentat contre la France et contre l'Europe, car, le 20 mars de moins, que de richesses, que de sang généreux la France posséderait de plus!...

Voici cette déclaration du 13 mars 1815 :

« Les puissances qui ont signé le traité de Paris, réunies en congrès à Vienne, informées de l'évasion de Napoléon Buonaparte et de son entrée à main armée en France, doivent à leur propre dignité et à l'intérêt de l'ordre social une déclaration solennelle des sentiments que cet événement leur a fait éprouver.

» En rompant ainsi la convention qui l'avait établi à l'île d'Elbe, Buonaparte détruit le seul titre légal auquel son existence se trouvait attachée. En reparaissant en France avec des projets de troubles et de bouleversements, il s'est privé lui-même de la protection des lois, et a manifesté, à la face de l'univers, qu'il ne saurait y avoir ni paix ni trêve avec lui.

» Les puissances déclarent, en conséquence, que Napoléon Buonaparte s'est placé hors des relations civiles et sociales, et que, comme ennemi et perturbateur du repos du monde, il s'est livré à la vindicte publique. »

M. Alphonse de Beauchamp (1) raconte ainsi ce qui amena le désastreux traité du 20 novembre 1815 :

« Le duc de Richelieu, nouveau président du con-

(1) *Campagne de* 1815, t. 2, p 598 à 600.

seil, fut chargé seul de conduire la négociation la plus épineuse qui ait jamais exercé le zèle et éprouvé le dévoûment du ministre d'état d'un souverain malheureux. Plus de onze cent mille soldats étrangers couvraient la France (un million cent quarante mille, selon les états vérifiés et confirmés par le duc de Wellington), sans compter les réserves russes et autrichiennes qui étaient en marche vers le Rhin. *Toute l'armée prussienne se concentrait de nouveau vers Paris avec une attitude menaçante.....*

» Dans des circonstances si critiques, le duc de Richelieu, profondément frappé de la nécessité de mettre vite un terme aux souffrances causées par l'inondation des étrangers, abandonna la discussion des principes généraux, et ne s'attacha qu'à obtenir des adoucissements aux conditions qu'il était impossible de faire changer dans leur essence..... Enfin, après avoir épuisé tous les moyens de discussion et de résistance, le président du conseil signa, au nom du Roi, le traité du 20 novembre, résultat inévitable de la seconde apparition de l'homme si fatal à la France.

» La France dut céder à perpétuité Landau, Sarre-Louis, Philippeville, Marienbourg et Versoix; il fallut rétrocéder à la Savoie et aux Pays-Bas le territoire obtenu par le premier traité de Paris; il fallut raser les fortifications d'Huningue, et recevoir les alliés pendant cinq ans dans seize forteresses, savoir : Condé, Valenciennes, Bouchain, Cambrai, le Quesnoy, Maubeuge, Landrecies, Avesnes, Rocroi, Givet avec Charlemont, Mézières, Sedan, Montmédy, Thionville, Longwy, Bitche, et la tête du pont du Fort-Louis. Une armée combinée d'occupation de cent mille hommes, s'appuyant sur ces places frontières, et commandée en chef par le duc de Wellington, resta comme une garantie pour la sécurité de l'Europe et pour la sûreté intérieure de la France : car ce grand acte de la puissance européenne fut explicitement dirigé « contre le » système révolutionnaire, reproduit pour faire réus- » sir le dernier attentat de Napoléon Buonaparte. » (Voir le préambule du traité du 20 novembre 1815.)

« Les alliés laissaient au Roi cinq années pour consolider son gouvernement. Enfin, la totalité des engagements que fut obligée de contracter la France, y compris l'entretien des troupes étrangères, s'éleva à quatre-vingts millions de livres sterling, selon le discours prononcé par lord Castlereagh à la séance de la Chambre des communes le 20 février 1816 (1). »

Pour qu'on ne m'accuse pas de rechercher les preu-

---

(1) Voici quelques passages de ce très remarquable discours, dont chaque phrase, chaque mot, doit être médité :

« Les quatre principales puissances combinées avaient mis sur pied un million d'hommes ; l'alliance était tellement étroite qu'il nous était impossible que de nouvelles tentatives de spoliation fussent faites. *Les alliés laissèrent donc à la France plus de territoire qu'elle n'en avait eu précédemment.* Cette conduite est un sujet de satisfaction, et les conséquences morales qui en sont résultées sont bien plus grandes que si, en 1814, on eût insisté sur des mesures qui eussent pu conduire à une guerre intestine et prolongée ; *mais c'eût été un enfantillage,* à la fin *de la dernière guerre, de porter l'indulgence aussi loin,* et de s'interdire de faire une paix plus propre à défendre l'Europe contre tout danger ultérieur. *Il était juste d'agir d'après* des **PRINCIPES DE PRÉCAUTION.**

« .... Je sais *que quelques personnes* ont pensé que le temps était venu d'établir un équilibre plus complet des puissances de l'Europe, et de *réduire le territoire de la France à ses limites* **AVANT** *le règne de Louis XIV.* Quelque plausible que soit cette opinion, d'après les faits historiques du dernier siècle, et si l'on ne voit que la France ayant acquis une *supériorité hors de toute proportion,* je pense que, dans la pratique, d'autres états ayant aussi augmenté leurs forces, et l'empire britannique ayant parves de ce que j'avance dans les archives royalistes, voici ce qu'écrivait Benjamin Constant dans le *Journal des Débats* du 19 mars 1815; ce qu'il disait alors, toute la France le pensait avec lui :

« Les représentants de la nation ont porté au pied du trône l'expression de leur dévoûment et de leur reconnaissance. Ils ont exprimé en même temps et l'admiration du peuple pour le courage de son monarque, et le désir de voir associer aux destinées de la France les hommes qui, depuis 25 années, ont,

---

ticulièrement pris un grand accroissement dans ses ressources, *la chose n'était point praticable...*

»... On avait à choisir entre soumettre la France à une contribution pécuniaire ou en exiger un démembrement de territoire. Ce ne peut être que dans de fausses notions que l'on a pu parler de la disposition de la France à préférer ce dernier parti; *rien n'est moins vrai.* Payer des contributions était, sauf la répugnance naturelle de tous les hommes à sacrifier leur argent, infiniment moins révoltant pour l'esprit public en France, *d'après les observations que j'ai faites.*

»... Quelques mots suffiront sur la nature des sacrifices militaires exigés de la France. On a déjà dit que *c'était un des plus sûrs moyens d'y neutraliser le système militaire.* Elle a payé dans des circonstances difficiles, et *il faudra qu'elle paie* pour recouvrer ses forteresses. Il n'est point à désirer qu'elle ne puisse pas le faire, et *personne n'est plus intéressé que nous-mêmes à ce qu'elle s'acquitte.* La totalité de ses engagements, y compris l'entretien des troupes, est de quatre-vingt millions sterling (deux milliards de francs). Il est inutile d'entrer dans des détails pour obtenir que la chambre voie ces arrangements avec satisfaction. »

Les *quelques personnes* qui voulaient le démembrement de la France me semble aussi vrai que le *certaines personnes* de la ville de Bordeaux qui avaient proclamé Louis XVIII, quand la ville tout entière s'était déclarée pour le Roi. Il est vrai que lord Castlereagh convient que *la chose n'était pas praticable.* C'est vraiment dommage, mais voici toute la vérité: Les étrangers auraient voulu se partager France, mais le roi et ses amis étaient là, et notre indépendance fut sauvée.

à diverses époques, défendu la patrie, la gloire et la liberté françaises, association salutaire qui réunit toutes les opinions, efface les derniers vestiges des partis opposés, et entoure le Roi constitutionnel de ses véritables appuis, de ceux qui, en 1789, voulaient faire fleurir la liberté sous la monarchie, et qui, en 1815, veulent consolider la monarchie par la liberté. Ils sont, en effet, le boulevard des gouvernements, ceux qui se rendent compte des motifs pour lesquels ils les défendent. Quand on ne demande qu'à servir le despotisme, on passe avec indifférence d'un gouvernement à l'autre, bien sûr qu'on retrouvera sa place directement sous le nouveau despotisme. Mais quand on chérit la liberté, on se fait tuer autour du trône qui protége la liberté.

» Maintenant donc, rassurés sur toutes nos inquiétudes, heureux et fiers de la dignité, du courage, de la sincérité de notre monarque, redoublons d'efforts contre l'ennemi de la France, contre l'ennemi de l'humanité. Louis XVIII, par une confiance digne d'un Roi de France envers des Français, loin de s'entourer de précautions ombrageuses, saisit le moment du danger pour rendre plus libérale encore la constitution qui nous régit. Appuyé sur cette base inébranlable, la seule qui, de nos jours, puisse donner aux gouvernements de la force et de la durée, il se repose sur notre zèle, sur notre patriotisme, et sur ce courage éprouvé par l'Europe, et qui sera éternellement son admiration. Il s'agit de tous nos intérêts, de nos femmes, de nos enfants, de nos propriétés, de la liberté, de notre industrie, de nos opinions, de nos paroles et de nos pensées. L'homme qui nous menace avait tout envahi. Il enlevait les bras à l'agriculture, il faisait croître l'herbe dans nos cités commerçantes, il traînait aux extrémités du monde l'élite de la nation, pour l'abandonner ensuite aux horreurs de la famine et aux horreurs des frimas; par sa volonté, douze cent mille braves ont péri sur la terre étrangère, sans secours, sans aliments, sans consolation, désertés par lui après l'avoir défendu de leurs mains mourantes. Il revient aujourd'hui pauvre et avide pour nous arracher ce qui nous reste encore. Les richesses de l'univers ne sont plus à lui, ce sont les nôtres qu'il veut dévorer. Son apparition, qui est pour nous le renouvellement de tous les malheurs, est pour l'Europe un signal de guerre. Les peuples s'inquiètent, les puissances s'étonnent. Les souverains, devenus nos alliés par son abdication, sentent avec douleur la nécessité de redevenir nos ennemis. Aucune nation ne peut se fier à sa parole; aucune, s'il nous gouverne, ne peut rester en paix avec nous.

» Du côté du Roi est la liberté constitutionnelle, la sûrete, la paix; du côté de Bonaparte, la servitude, l'anarchie et la guerre. Nous jouissons, sous Louis XVIII, d'un gouvernement représentatif, nous nous gouvernons nous-mêmes. Nous subirions, sous Bonaparte, un gouvernement de mameloucks; son glaive seul nous gouvernerait.

» Et qu'il me soit permis de relever une erreur qui, sans doute, n'affaiblirait pas les cœurs intrépides et les résolutions courageuses, mais qui pourrait ébranler les esprit incertains et les âmes vulgaires. On a, dans nos journaux, parlé de la clémence que promettait Bonaparte, et l'on s'est indigné de cette clémence. Mais cette promesse n'existe pas. J'ai lu ces proclamations d'un tyran déchu qui veut ressaisir le sceptre. Les mots de clémence ou d'amnistie ne s'y trouvent pas plus que ceux de constitution ou de liberté. Quelques paroles jetées dédaigneusement sur les écrits qui ont paru depuis le 31 mars semblent, il est vrai, offrir à ceux qui ont attaqué la tyrannie renversée la garantie du mépris; mais ces paroles ne contiennent aucun engagement; elles laissent le champ libre à toutes les vengeances.

» Les proclamations de Buonaparte ne sont point celles d'un prince qui se croit des droits au trône; elles ne sont pas même celles d'un factieux qui s'efforce de tenter le peuple par l'appât de la liberté : ce sont les proclamations d'un chef armé qui fait briller son sabre pour exciter l'avidité de ses satellites, et les lancer sur les citoyens comme sur une proie. C'est Attila, c'est Gengis-Kan plus terrible et plus odieux, parce que les ressources de la civilisation sont à son usage; on voit qu'il les prépare pour régulariser le massacre et pour administrer le pillage : il ne déguise pas ses projets; il nous méprise trop pour daigner nous séduire.

» Et quel peuple, en effet, serait plus digne que nous d'être méprisé, si nous tendions des bras à ses fers? Après avoir été la terreur de l'Europe, nous en deviendrions la risée; nous reprendrions un maître que nous avons nous-mêmes couvert d'opprobre. Il y a un an, nous pouvions nous dire entraînés par l'enthousiasme ou trompés par la ruse. Aujourd'hui nous avons proclamé que nos yeux étaient ouverts, que nous détestions le joug de cet homme. C'est contre notre vœu connu, déclaré, répété mille fois, que nous reprendrions ce joug effroyable; nous nous reconnaîtrions nous-mêmes pour une nation d'esclaves; notre esclavage n'aurait plus d'excuse, notre abjection plus de borne.

» Et du sein de cette abjection profonde, qu'oserions-nous

dire à ce Roi *que nous aurions pu ne pas rappeler* : **CAR LES PUISSANCES VOULURENT RESPECTER L'INDÉPENDANCE DU VOEU NATIONAL** ; à ce Roi que *nous avons attiré par des résolutions spontanées* sur la terre où sa famille avait déjà tant souffert? Lui dirions-nous : « Vous avez cru aux Français; nous vous » avons entouré d'hommages, et rassuré par nos serments. » Vous avez quitté votre asile, vous êtes venu au milieu de » nous, seul et désarmé. Tant que nul danger n'existait, tant » que vous disposiez des faveurs et de la puissance, un peu- » ple immense vous a étourdi par ses acclamations bruyantes. » Vous n'avez pas abusé de son enthousiasme. Si vos ministres » ont commis beaucoup de fautes, vous avez été noble, bon, » sensible. Une année de votre règne n'a pas fait répandre au- » tant de larmes qu'un seul jour du règne de Buonaparte. Mais » il reparaît sur l'extrémité de notre territoire, il reparaît cet » homme teint de notre sang, et poursuivi naguères par nos » malédictions unanimes. Il se montre, il menace, et ni les » serments ne nous retiennent, ni vos vertus ne nous impo- » sent, ni votre confiance ne nous attendrit, ni la vieillesse ne » nous frappe de respect. Vous avez cru trouver une nation, » vous n'avez trouvé qu'un troupeau d'esclaves parjures. »

» Non, tel ne sera pas notre langage, tel ne sera pas du moins le mien. Je le dis aujourd'hui sans crainte d'être méconnu : j'ai voulu la liberté sous diverses formes; j'ai vu qu'elle était possible sous la monarchie; j'ai vu le Roi se rallier à la nation; je n'irai pas, misérable transfuge, me traîner d'un pouvoir à l'autre, couvrir l'infamie par le sophisme, et balbutier des mots profanés pour racheter une vie honteuse.

» Mais ce n'est point le sort qui nous attend. *Les guerriers qui, durant* 25 *années, ont couvert la France d'une immense gloire, ne seront pas les instruments de la honte nationale.* Ils ne vendront pas leur patrie, qui les a admirés et qui les chérit. Trompés un instant, ils reviendront aux drapeaux français. Affligés de quelques erreurs dont ils furent victimes, ils voient ces erreurs réparées. Ils ont pour guides leurs anciens chefs, leurs frères d'armes, ceux qui les conduisirent si souvent à la victoire, ceux qui, connaissant leurs services, aideront le monarque à les récompenser. L'égarement d'un jour doit être oublié. Ils ont peut-être ignoré leurs propres fautes. La nation les ignorera comme eux, pour se rappeler leur valeur admirable et leur immortelle renommée. B. C. »

Le *Journal des Débats* disait plus tard :

« Lorsque, le 20 mars, le tyran, protégé par une soldatesque parjure, vint usurper, dans un palais en deuil et dans une capitale orpheline, il enveloppa son entrée des ombres de la nuit. Il arriva seul avec le cortége de ses complices et de ses crimes; il n'osa braver les regards et l'affluence de ce peuple dont il se prétendait le libérateur. Louis arrive environné de ses innombrables enfants; le soleil éclaire son entrée; la foule impatiente entoure et presse sa voiture. Arrivé aux Tuileries, quatre cent mille bras se disputent l'honneur de le porter sur son trône. Cette différence sera caractéristique pour l'histoire. »

V.

Je n'en finirais pas si je voulais rappeler l'opinion de tous les hommes éminents qui ont accusé Napoléon de tous les maux, de tous les désastres qu'a subis la France en 1815, et qui ont glorifié le patriotisme séculaire de nos Bourbons. « Non, le *parti de l'étranger* » n'est pas celui qui a donné à la France Philippe-» Auguste, le vainqueur de Bouvines; — saint Louis, » le héros de Taillebourg; — Duguesclin, l'infatigable » batailleur et la terreur des Anglais; — Jeanne d'Arc, » choisie par Dieu pour ouvrir, avec sa houlette, à » Charles VII, le chemin de son trône usurpé; — » François Ier, le Père des lettres et le vainqueur de » Marignan; — Bayard, le chevalier sans peur et sans » reproche; — Henri IV, l'ami du peuple, — et Louis » XIV, dont le génie fit revivre la France de Charle-» magne. Le dévoûment et le patriotisme de nos pères » étaient un rempart invincible contre l'invasion : » alors la France était suffisamment protégée par le » courage de ses enfants; on savait qu'il faudrait les » abattre tous jusqu'au dernier pour s'ouvrir un pas-» sage; et des hommes résolus, confiants en la justice » de leur cause, sont plus difficiles à aborder et à ren-» verser que les plus fortes murailles (1). »

(1) Journal *l'Orléanais*, 1840.

Les Bourbons du parti de l'étranger ! quelle folie ! « Savez-vous combien de fois les princes de cette race *anti-nationale, anti-française*, dont les derniers descendants sont aujourd'hui bannis de France, ont donné non pas leur sang, mais leur vie, pour l'honneur et la défense du pays ? Savez-vous combien de Bourbons sont morts, depuis Saint-Louis, en combattant les ennemis de la France ? En voici le nombre : TRENTE-DEUX, trente-deux princes de la maison de Bourbon qui ont été tués sur le champ de bataille !... six par siècle !...

» Qu'on nous fasse donc lire une histoire plus française que celle-ci, qu'on nous cite une famille au monde qui ait donné plus de gages éclatants de sa nationalité ! Que le *libéralisme* nous nomme quelqu'un de ses grands citoyens qui compte aussi trente-deux de ses aïeux morts pour la patrie ! Que proscripteurs et proscrits jettent leurs titres dans la balance ! La France pèsera (1). »

Ecoutez maintenant la grande voix de Châteaubriand parlant de cette royale famille qui, depuis huit cents ans, remplit le monde de sa gloire, de ses vertus et de ses bienfaits :

« Quand il n'y aurait dans la France que cette maison de France dont la majesté étonne, encore pourrions-nous, en fait de gloire, en remontrer à toutes les nations et porter un défi à l'histoire.

» Sujets avant d'être rois, les Bourbons moururent pour les Français avant que les Français mourussent pour eux : Pierre de Bourbon fut tué à la journée de Poitiers, Louis de Bourbon à celle d'Azincourt, François de Bourbon à celle de Sainte-Brigide, Antoine de Bourbon au siége de Rouen. Les femmes de cette famille donnèrent de grands monarques à la France, en attendant le règne de la lignée masculine : Marguerite de Bourbon, duchesse de Savoie, fut l'aïeule de François Ier.

---

(1) *Gazette de Metz*, 1840.

Lorsque les Bourbons, alliés à plus de huit cents familles militaires, eurent reçu tout ce qu'il y avait d'héroïque dans le sang français, la Providence fit paraître Henri IV et les Condés.

» Les Capets régnaient lorsque tous les autres souverains de l'Europe étaient encore sujets. Les vassaux de nos rois sont devenus rois ; les uns ont conquis l'Angleterre, les autres ont régné en Ecosse ; ceux-ci ont chassé les Sarrasins de l'Espagne et de l'Italie : ceux-là ont formé les états de Portugal, de Naples et de Sicile. La Navarre et la Castille, les trônes de Léon et d'Aragon, les royaumes d'Arménie, de Constantinople et de Jérusalem, ont été occupés par des princes de sang capétien. En **1380**, plus de quinze branches composaient la maison de France, et cinq monarques de cette maison régnaient ensemble dans six monarchies diverses, sans compter un duc de Bretagne et un duc de Bourgogne. En tout, une seule famille a produit cent quatorze souverains : trente-six rois de France depuis Eude jusqu'à Louis XVIII ; vingt-deux rois de Portugal, onze rois de Naples et de Sicile, quatre rois de toutes les Espagnes et des Indes, trois rois de Hongrie, trois empereurs de Constantinople, trois rois de Navarre de la branche d'Evreux et Antoine de la maison de Bourbon, dix-sept ducs de Bourgogne de la première et de la seconde maison, douze ducs de Bretagne, deux ducs de Lorraine et de Bar. Il faut se représenter dans cette nation plutôt que dans cette famille de rois, une foule de grands hommes ; ces souverains nous ont transmis leurs noms avec des titres que la postérité a reconnus authentiques : les uns sont appelés *auguste*, *saint*, *pieux*, *grand*, *courtois*, *hardi*, *sage*, *victorieux*, *bien-aimé* ; les autres, *père du peuple*, *père des lettres*. « Comme » il est escrit par blâme, dit un vieil historien, que tous les » bons Roys seroient aisement pourtraits en un anneau, les mau- » vais roys de France y pourroient mieux, tant le nombre en » est petit ! »

Ce *parti de l'étranger*, Messieurs de *la Presse* et du *Constitutionnel*, se résumait dans MM. de La Roche-Jaquelein (le glorieux balafré), de Bourmont, Oudinot, de Dreux-Brézé, aide-de-camp du maréchal Soult, Clouet, et tant d'autres qui ont combattu avec Napoléon depuis la campagne de Russie jusqu'à Montmirail et à Champ-Aubert, en défendant l'honneur de la France et l'intégrité de son territoire.

Aussitôt après la bataille de Waterloo, le général Bourmont, couvert de blessures, franchit la frontière, soulève les populations de la Flandre au nom du Roi, et s'empare de dix-sept villes, parmi lesquelles on compte Lille, Dunkerque, Arras, Douai, etc., en ferme les portes aux étrangers, préserve l'occupation des provinces d'Artois et de Flandre, et conserve à la France 40,000 fusils, 4,000 pièces de canon et six millions de francs dont les alliés se seraient inévitablement emparés. Quel bonheur pour la France s'il se fût trouvé, en 1815, une vingtaine d'hommes semblables à M. de Bourmont! Nous posséderions quatre ou cinq cents millions de plus : c'est peu sans doute de la part d'un des hommes du *parti de l'étranger*, mais enfin c'est bien quelque chose.

VI.

Je me résume :

Si le parti de l'étranger est le parti qui a détrôné l'empereur Napoléon, et qui a travaillé de tous ses efforts à la restauration des Bourbons, je suis fier, je suis glorieux d'en faire partie, car il a donné quinze ans de prospérité et de paix glorieuse à mon pays; il a, dès 1815, voulu restituer le suffrage universel aux Français en demandant que le cens descendît à 50 et même à 25 fr., ce que nos prétendus *libéraux* (1) ont

---

(1) Voici ce que dit à ce sujet M. Théodose Burette, que j'aime toujours à citer comme l'un de nos plus francs adversaires:

« Le projet de la commission dirigée par MM. de Villèle et de Corbière établissait dans chaque canton une assemblée électorale, dont *étaient membres tous les citoyens y domiciliés, âgés de vingt-cinq ans accomplis et payant cinquante francs de contributions directes*, qui désignaient les électeurs de département... La commission, prenant le contre-pied du projet ministériel, *avait exclu les fonctionnaires*, et posé pour base la

repoussé comme étant « le vote de la sacristie et des

---

contribution directe, c'est-à-dire la propriété. La chambre ne discuta même pas la loi de M. de Vaublanc (*), et le projet de MM. de Corbière et de Villèle fut adopté à quelques amendements près : peu s'en fallut que, grâce à M. de Corbière, la contribution de 50 fr. ne fût abaissée à 25 fr. *Chose bizarre!* Les partisans du *libéralisme*, MM. Royer-Collard, Pasquier, de Serres, Becquey, Lainé, s'inscrivirent *tous* contre le projet de M. Villèle ; et MM. de Bonald, de Labourdonnaye, Mathieu de Montmorency, *absolutistes* au fond du cœur, *proclamaient le droit d'initiative et l'indépendance du vote.* »

Ainsi donc, les royalistes voulaient le droit d'initiative, le droit d'améliorer les lois dans le sens de la liberté, bien entendu, et M. Royer-Collard n'en voulait pas ; s'abritant derrière la prérogative royale (par respect ou par calcul), il prononçait ces paroles prophétiques en février 1816 ; il aurait dû les mettre en tête de l'adresse des 221 violateurs de la charte en 1830, qui *repoussaient les ministres du roi* en refusant un concours qu'ils avaient tous juré de prêter. Mais écoutons le savant professeur, qui n'a pas voulu profiter de ses leçons : « ...Le jour où le gouvernement sera à la discrétion de la majorité de la chambre, le jour où il sera établi en fait que la chambre *peut repousser les ministres du roi*, et lui en imposer d'autres, qui seront ses propres ministres, et non les ministres du Roi, ce jour-là, c'en est fait, non seulement de la charte, mais de notre royauté, de cette royauté indépendante qui a protégé nos pères et de laquelle *seule la France a reçu tout ce qu'elle a jamais eu de liberté, de bonheur* ; ce jour-là nous sommes en république ! »

On sait ce que la coupable adresse des 221 nous a coûté de maux depuis 24 ans ! Mais ce serait trop triste à dire, passons.

La tactique des révolutionnaires, réputés libéraux, consistait encore à vouloir le renouvellement de la chambre par cinquième, et qu'elle fût nommée par le moins de Français possible afin que la corruption fût plus facile et afin surtout de tenir le pays en état permanent de fièvre révolutionnaire et de profiter de chacune de ces secousses pour amener une *catastrophe.* Les Royalistes, au contraire, voulaient le calme et la stabilité ; ils

* M. le comte de Vaublanc était alors ministre de l'intérieur et bon royaliste quand même son entourage ; aussi dit-il naïvement à la tribune : « Je viens soutenir le projet comme ministre ; comme député, je le désapprouve. »

châteaux. » Ce parti de l'étranger est allé en Espagne et

---

ne craignaient ni le grand nombre des électeurs, ni de se représenter tous les cinq ans devant la nation avec le concours de leurs bonnes œuvres politiques et sociales.

M. de Villèle disait :

« Il n'y a de possibilité d'arriver à un résultat de liberté, et de liberté royaliste, qu'en descendant au degré de la hiérarchie sociale, et en réveillant ses intimités avec l'aristocratie. »

M. Clausel de Coussergues ajoutait :

« Le renouvellement partiel n'est bon que pour les tyrans ; aussi a-t-il été introduit par la Convention et conservé par Bonaparte. Les tyrans redoutent l'opinion publique, et tout leur art est d'en éviter l'expression simultanée. Mais j'ose dire que toute la sagesse d'un roi légitime consiste à laisser manifester l'opinion de ses peuples. »

Tous parlèrent dans le même sens. Le bon et savant Michaud disait :

« Une fraction du peuple peut s'égarer ; mais la nation tout entière ne se trompe point ; les bourreaux de Louis XVI le savaient, puisqu'ils rejetèrent l'appel au peuple ; les révolutionnaires le savaient, puisqu'ils ne s'adressaient jamais à tout le peuple à la fois ; Bonaparte le savait, puisque toute sa politique consistait à se servir d'une partie du peuple pour subjuguer et faire trembler tout le reste. Mais ceux qui cherchent la vérité, la justice, s'adressent à tous les hommes réunis, parce que tous les hommes réunis désirent la justice et la vérité. Nous avons tous le plus grand intérêt à mettre un terme aux troubles qui ont désolé la France. Déjà nos lois ont fait trembler les factions, intimidé les ennemis de la monarchie. »

Ainsi, voilà les hommes que l'on a osé accuser d'être des absolutistes. Après avoir cité ce fragment du dicours de Michaud à la chambre des députés, M. Capefigue avoue : « Qu'il est » certain que jamais majorité de chambre ne poussa aussi loin » les maximes d'indépendance et de souveraineté parlementaire. » J'aime à rendre cet hommage à la chambre de 1815, dit-il, » qu'elle comprit d'une manière plus large que M Royer-Collard et que certains membres de la minorité ministérielle les » véritables principes du gouvernement représentatif. »

Pourquoi l'avoir dissoute alors ?... Mais n'allons pas si vite. Les révolutionnaires déjoués par l'adoption de la loi *absolutiste* de

a conquis l'Algérie, malgré l'Angleterre et sans le con-

M. de Villèle firent tous leurs efforts pour la faire annuler : « Un rapport, dit encore M. Burette, fut présenté à Louis XVIII, qui présentait la chambre comme entravant le gouvernement, affaiblissant son autorité, usurpant le pouvoir, et tendant à annihiler la royauté en se plaçant au dessus d'elle; le duc de Richelieu fit même *écrire au roi par l'empereur Alexandre* « que, » dans l'intérêt du gouvernement du roi de France, il lui pa- » raissait qu'une dissolution de la chambre des députés pourrait » avoir *d'utiles* résultats. »

Ainsi, voilà les bons patriotes qui invoquent l'appui des puissances étrangères pour leur venir en aide contre les décisions libérales des chambres royalistes françaises. Mais continuons le curieux et trop succinct récit de M. Burette :

« Ainsi pressé, Louis XVIII ne résista plus et donna son adhésion. Le ministère eut donc une conférence *occulte* avec la minorité de la chambre, à l'hôtel de la police, où l'on convint de se procurer les renseignements nécessaires pour juger à l'avance la tendance des élections. M. Pasquier se chargea de ce soin, et s'assura, au moyen d'un employé supérieur, que la majorité nouvelle serait au moins de 50 voix. Le 5 septembre, une ordonnance royale parut dans le *Moniteur* : « Aucuns des articles de » la Charte constitutionnelle ne sera révisé. *La chambre des » députés est dissoute.* Le nombre des députés des départements » est fixé, conformément à l'art. 36 de la charte, à 256. Les » colléges électoraux d'arrondissement et de département res- » tent composés tels qu'ils ont été reconnus, et tels qu'ils ont été » complétés par notre ordonnance du 21 juillet 1815. *Ce fut » un coup de foudre pour les royalistes*, ajoute M. Burette.

Certes, il y avait de quoi. Presque tous les présidents des colléges électoraux nommés par le Roi, sous l'influence des prétendus libéraux et patriotes d'alors, sans oublier leur allié l'empereur Alexandre, furent choisis dans les rangs de l'opposition anti-royaliste.

MM. de Villèle, de Corbière, de Bonald Dufougerais, Clausel de Coussergues, ne revinrent qu'avec une centaine de leurs amis, et la majorité fut pour MM. Decazes, Pasquier, Camille Jordan, qui s'empressèrent de proposer et de faire adopter une nouvelle loi d'élections. « Les dispositions principales de cette loi, dit encore M. le professeur Burette, étaient l'égalité parcours de l'Europe ; il a donné l'indépendance à Saint-

---

faite entre les électeurs admis et l'élection directe. *L'âge de quarante ans* et la contribution directe de *mille francs* formaient les deux conditions nécessaires de l'éligibilité. Tout Français jouissant de ses droits civils et politiques, *âgé de* 30 *ans*, et *payant trois cents francs de contributions*, était électeur de droit. »

Dès lors la monarchie et la liberté furent perdues ; la France était livrée pieds et poings liés aux révolutionnaires et aux utopistes de toutes les couleurs, de toutes les nuances et de toutes les qualités : la révolution de juillet était en germe dans l'ordonnance du 5 septembre, et MM. Pasquier et Decazes escaladaient déjà le Luxembourg, l'un comme chancelier et l'autre comme référendaire !...

« *Chose remarquable !* dit M. Capefigue, tandis que M. Royer-
» Collard et ses amis soutenaient la priorité du pouvoir royal,
» MM. de Villèle, Corbières, Bonald, La Bourdonnaye, établis-
» saient l'omnipotence parlementaire, le vote indépendant et sou-
» verain de la chambre des députés. »

« *Chose bizarre !* dit à son tour M. Théodose Burette, les
» partisans du libéralisme s'inscrivirent *tous* contre le projet de
» M. de Villèle. »

Mais il n'y a de bizarre en ceci que votre remarque, Monsieur Burette : tout le monde sait que les prétendus libéraux de la Restauration furent les plus grands absolutistes de tous les temps. Les royalistes, voulant le *vote de tous les citoyens domiciliés*, étaient des *absolutistes*, tandis que leurs adversaires se donnaient le titre de *libéraux* tout en soutenant le monopole et la centralisation administrative ; — en 1816, le ministère *libéral* Decases, Pasquier, etc., présente des lois d'exception contre la presse et la liberté individuelle, MM. de Villèle et de Corbières les repoussent avec indignation, et ce sont eux qu'on appelle des *absolutistes ;* — les royalistes furent des *congréganistes*, et des *courtisans*, parce qu'ils témoignèrent leur grande joie en apprenant la conquête d'Afrique, tandis que les *patriotes firent silence* à la nouvelle de ce beau fait d'armes. Ce sont ces mêmes patriotes qui prédisaient une déroute à nos armées en 1823 et en 1830, et faisaient des vœux pour qu'*une retraite couronnât dignement de folles et coupables entreprises*. — Au reste, tout a été contre-vérité sous la Restauration, et *le Globe*

Domingue et à la Grèce chrétienne, et, malgré toutes ces expéditions, dès la seconde année de son règne, il a degrevé la propriété de quatre-vingt-seize millions, donné le milliard réparateur aux émigrés, payé les frais d'une guerre qu'il n'avait *ni cherchée ni prévue*, puisqu'elle était faite contre lui ; et, avec tout cela, ce parti de l'étranger ne nous a laissé qu'un budget

---

du 22 avril 1831 avait bien raison d'avouer qu'on *avait joué la comédie pendant quinze ans* et de le prouver. — Et pourquoi, je vous prie, avez-vous joué la comédie ? — « *Parce qu'il fallait que les Bourbons cessassent de régner ?* » Et pourquoi fallait-il que les Bourbons cessassent de régner ?.. Je vais vous le dire, moi :

Il vous tardait de devenir maîtres, soutenus par une nuée d'ambitieux, d'intrigants et d'utopistes ; et après avoir violé tous vos serments, vous vous êtes emparés du pouvoir sur des milliers de cadavres, vos victimes, et vous avez obtenu ce beau résultat :

Deux systèmes représentés par deux hommes se sont presque exclusivement partagé la direction des affaires, et en fin de compte ces deux hommes système se sont justement accusés, l'un d'avoir ruiné la France, et l'autre de l'avoir déshonorée !

C'était bien la peine de dépenser les 50 millions trouvés dans la Casauba, les 90 millions restant en caisse sur le milliard d'indemnité aux émigrés, et de massacrer nos magnifiques régiments de la garde royale pour arriver à ce résultat !

Il faut être juste envers tout le monde. On a accusé les royalistes d'avoir donné le milliard d'indemnité aux émigrés ; il n'en est rien, ils ne pouvaient être juges et parties dans leur propre cause : c'est à l'empereur Napoléon qu'appartient l'initiative de ce grand acte d'équité nationale. En voici la preuve, tirée de M Pelet de la Lozère :

« Napoléon s'exprima toujours avec faveur au sujet des émigrés. Ils étaient victimes à ses yeux de leur dévoûment à un principe qui était le sien, le principe monarchique. Peu lui importait que ce dévoûment se fût adressé à d'autres qu'à lui. Il se flattait d'en hériter..... Qu'avait-il à démêler, disait-il, avec les Bourbons ? Était-ce lui qui leur avait pris leur couronne ? Était-il à leur égard un usurpateur ?..... Son horreur des révolutions et le danger de leur exemple lui faisaient désirer

de neuf cent quarante-cinq millions, que les révolutionnaires se sont empressés de porter à seize cents millions, sous prétexte de progrès.

Mais, à propos de *parti de l'étranger* et de l'Espagne, je vous demanderai, révolutionnaires de toutes les nuances, vous qui aimez tant la liberté, la nationalité, pour vous et sans doute aussi pour les autres, que faisiez-vous en octobre 1823 avec le citoyen Armand Carrel (1), qui avait quitté son régiment et

---

d'être considéré comme l'héritier direct et naturel de la dernière dynastie. On ne pouvait sans lui déplaire se servir devant lui de cette expression : *Depuis la révolution*. Il semblait que c'était la reconnaître et lui donner une consécration nouvelle. Il aurait voulu en effacer jusqu'au nom. Ce n'était pas les royalistes qu'il redoutait, mais les idéologues et les républicains.....

» On remarquera, dans le discours que nous rapportons, que l'Empereur, touché de la situation des émigrés dont on avait vendu les biens, cherchait un moyen de les indemniser...

OPINION DE NAPOLÉON.

Séance du Conseil d'état du 1er juillet 180?.

« Il y a en France quarante mille émigrés sans moyens d'existence ; ces familles ont fourni de braves militaires, qui ont reçu des blessures à l'armée ; ils demandent la restitution de leurs biens, ou une indemnité : il faudra bien un jour faire quelque chose pour ceux à qui il ne reste que 10,000 francs de rente de 100,000 qu'ils avaient autrefois Les émigrés du dehors sont plus intéressants que les hommes de la même classe qui ne sont pas sortis, car ils ont eu le courage de faire alors la guerre et de faire aujourd'hui la paix. » (Pelet de la Lozère. — *Opinions de Napoléon* sur divers sujets de politique et d'administration, recueillies par un membre de son Conseil d'état, p. 269 à 272.)

(1) Fait prisonnier avec 2000 autres émigrés, Armand Carrel, qui avait prêté serment de fidélité au Roi et au drapeau blanc comme élève de Saint-Cyr et comme officier au 29e de ligne, fut traduit devant le conseil de guerre de Perpignan et condamné à mort comme *transfuge à l'ennemi* (termes de l'arrêt de la Cour de cassation).

embauché nombre de ses camarades, pour vous suivre, que faisiez-vous derrière la Bidassoa en tirant le premier coup de fusil ennemi sur l'armée française? Était-ce du patriotisme?... Etait-il bien bon patriote aussi le général Foy quand il disait en pleine tribune, à propos de cette expédition toute française, puisque l'Angleterre s'y opposait :

« *La campagne sera manquée;* un moment viendra » où, après des pertes douloureuses, *une retraite* » *couronnera dignement* une folle et coupable entre- » prise. » — Quelle charitable prophétie pour un général français !

Etait-il bien patriote aussi *le National* de juin 1830, qui annonçait jour par jour, heure par heure, à nos ennemis, le mouvement des troupes françaises pour la descente en Afrique, et qui prophétisait aussi un revers? .. — Où donc puisait-il ses documents?...

Le *National* et ses amis jetèrent le masque à la nouvelle de la prise d'Alger ; la révolution voulait en finir avec cette glorieuse maison de Bourbon, et surtout avec Charles X, dont Louis Blanc a dit, dans son *Histoire de dix ans de règne* : « Charles X était plein de

---

¶ Voici un passage de la défense qu'il prononça alors; certes, elle ne faisait pas prévoir le fougueux lutteur républicain de 1832, que *Sa Pudeur* M. de Girardin a tant de fois combattu de sa plume et de son épée :

« Ma présence à Llado a été une conséquence de *ma fuite en Espagne*, qui a été elle-même une malheureuse conséquence d'une conduite *que je déplore amèrement.* J'ai tout ignoré à Barcelone, et, *s'il m'eût été donné de savoir que le prince généralissime eût rallié tous les partis, que l'armée française se fût couverte d'une gloire immortelle dans la Péninsule,* j'aurais fui de Barcelone avant que Mina et Rotten eussent fait régner la terreur dans cette ville. » (*Moniteur*, p. 1049.)

foi et de loyauté, de grâce et de courtoisie, fidèle à ses amitiés, fidèle à ses serments. » M. Théodose Burette raconte ainsi, dans son *Histoire de France*, p. 628, l'impression que cette grande victoire produisit en France :

« La prise d'Alger fut résolue *malgré les tories d'Angleterre*. Le comte de Bourmont obtint la préférence pour le commandement de l'armée de terre. La division Berthezène débarqua la première à la presqu'île de Sidi-Ferruch, puis les divisions Loverdo et Des Cars. Quatre combats partiels ouvrirent le chemin d'Alger à nos colonnes ; le château de l'Empereur, le boulevard de la ville, sauta en l'air, après quelques heures de bombardement. Alger se rendit le 5 juillet 1830 ; le dey fut détrôné ; on trouva de 45 à 50 millions dans la Casauba. *La joie fut grande parmi les courtisans, les congréganistes, les ultra-royalistes*, à la nouvelle de la conquête d'Alger ; mais *la nation fit silence*. »

N'en déplaise au patriotisme de M. Théodose Burette, mais je suis heureux, je suis fier, comme Français, d'être compté parmi les courtisans et les ultra-royalistes qui ont témoigné leur grande joie à la nouvelle de la conquête d'Alger, entreprise *malgré les tories d'Angleterre*, et je plains ceux qui ont fait silence et qui ont partagé la douleur bien naturelle de nos ennemis intimes d'outre-Manche.

Mais que sont devenus tous ces journaux révolutionnaires, le *National*, le *Courrier français*, le *Globe* et le *Commerce*, qui ont été fondés et rédigés en haine de la Restauration et pour que *les Bourbons cessassent de régner ?* Ils ont été emportés par la tempête qu'ils avaient soulevée, par les foudres qu'ils avaient évoquées, et les instruments de leur faute, de leur mauvaise action, ont été vendus à l'encan. Si le *Constitu-*

tionnel, seul, a survécu au naufrage, c'est qu'il honore et vénère maintenant ce qu'il combattait, ce qu'il décriait autrefois; c'est que le loup s'est fait berger.

Une folle et coupable entreprise! a dit aussi le général Foy; mais vous tous, valeureux *patriotes* français, qui, en compagnie d'Italiens, d'Allemands, de Polonais, etc., etc., êtes allés établir un préfet anglais sur le trône de Belgique, soutenir l'usurpatrice Isabelle en Espagne, et détrôner le roi don Miguel pour restaurer don Pedro à Lisbonne, n'osez donc plus parler du *parti de l'étranger* : vous n'avez été jusqu'ici que des charlatans de patriotisme, des escamoteurs de libertés. S'il ne s'agissait encore que de vos escapades, de vos donquichotades hors frontières, vous ne me feriez que pitié; mais vous trompez, mais vous désolez incessamment notre chère et malheureuse patrie... Vous me faites horreur!..... Mais non, par le sang de Louis XVI, que vous avez versé sur la terre et qui prie pour nous dans le ciel, la France vous pardonnera, j'espère, des folies qui lui ont coûté tant d'or, de sang et de larmes; mais *n'y revenez plus*, car vos entreprises de félicité publique coûtent trop cher.

FRÉDÉRIC DOLLÉ,
19, rue Fortin.

Batignolles, 3 janvier 1854.

www.ingramcontent.com/pod-product-compliance
Ingram Content Group UK Ltd.
Pitfield, Milton Keynes, MK11 3LW, UK
UKHW021112290826
14628UKWH00014B/1833